T0149490

"EL FRACASO ANTES DEL ÉXITO"

"EL FRACASO ANTES DEL ÉXITO"

¡Todo es mejor, trabajando en equipo!

Autor y Escritor: Joe Benavides
Co-Autora: MBA Isabel Zirate

Número de Control de la Biblioteca del Congreso de EE. UU.:   2018914607
ISBN: Tapa Dura   978-1-5065-2771-0
               Tapa Blanda   978-1-5065-2772-7
               Libro Electrónico   978-1-5065-2773-4

Para realizar pedidos de este libro, contacte con:
Palibrio
1663 Liberty Drive, Suite 200
Bloomington, IN 47403
Gratis desde EE. UU. al 877.407.5847
Gratis desde México al 01.800.288.2243
Gratis desde España al 900.866.949
Desde otro país al +1.812.671.9757
Fax: 01.812.355.1576
ventas@palibrio.com
786447

ÍNDICE

Dedicatoria

El presente libro va dedicado con mucho cariño al ser que me ha dado tantas alegrías, ella es mi mayor motivación, la razón de mí existir, mi hija que tanto amo, Amber Renee Benavides, y por último, pero no menos importante, a quien formó parte de ésta obra, y que ha estado junto a mí trabajando en equipo; mi prometida, Isabel Zirate.

Agradecimiento

Antes que todo, quiero agradecer a Dios por la vida, por la sabiduría que me ha brindado para emprender este viaje rumbo al éxito. Al Sr. Rick Buffkin y su esposa la Sra. Bonita Buffkin, por todas sus enseñanzas y experiencias vividas, por las atenciones que me han brindado, y lo más valioso, el tiempo que me han dedicado para guiarme por el camino correcto para ser una persona de éxito. Gracias por confiar en mí, y por transformar mi mente para lograr mis metas.

Introducción

En el presente libro conocerán la persona que fui en un tiempo y la persona que inspiro ser, sé muy bien que no soy el único hombre escritor o autor en el mundo que aprendió a ser diferente entre la gente, soy un ser humano que nunca he permitido que alguien derribe mi sueño de lo que deseo alcanzar.

En mi libro anterior les hable de quien soy, quienes han tenido la oportunidad de leerlo, sabrán que no tengo en mis manos un diploma de escuela, o un certificado universitario que acredite haber cursado el grado, me esmeré día con día para tener la vida que hoy tengo, gracias a Dios. Cada uno de nosotros tenemos un propósito en esta vida, todo lo que tenemos que hacer es tener fe y paciencia, yo tenía paciencia, pero no había fe en mi corazón.

Sin fe en nuestro corazón es difícil llegar a la meta, pero cuando se tiene fe y esperanza se puede tener todo lo que has anhelado en la vida. Yo nací en la pobreza, crecí con carencias y sin educación, en el camino me enfrenté con fracasos y derrotas, y más de una vez caí tan bajo que no pensé poder seguir adelante con mi vida, estas son pruebas que como humanos tenemos que pasar para aprender a cuidar lo que logramos en nuestra jornada rumbo al éxito.

En nuestro diario vivir realizamos jornadas de trabajo muy extensas, esto provoca que surjan una serie de problemas, ya que se descuidan otras prioridades, nuestra vida gira en torno al trabajo, son jornadas llenas de dificultades, y sorpresas, si no sabemos cómo tomar el control de nuestra vida, será difícil identificar cuáles son nuestras prioridades.

En mi niñez viví experiencias no muy gratas, era difícil comprender lo que estaba pasando, hoy le doy gracias a Dios por permitirme que pasara por dificultades, solamente así aprendería a valorar el destino que Dios tenía preparado para mí.

El principio de una vida

La vida nos proporciona un sinfín de herramientas para sobrevivir, lo importante es aprender a controlar lo que tenemos en nuestras manos.

En la presentación del libro un Sueño sin Sueño, autor: Joe Benavides; con el Sr. Ashlyn Bailey

En equipo todo es mejor

El tiempo es oro, no podemos pasarnos la vida en busca de alguien con quien compaginar; se puede perder tiempo, y es lo que a veces no tenemos. Tratemos de hacer todo en los tiempos de Dios, él te mandará a la persona indicada, con la cual podrás trabajar en equipo, alguien en quien confiar y tomar decisiones juntos como equipo.

Espero que este libro alimente tu alma, para que se abran muchas puertas en tu camino. El tiempo que transcurrió cuando estaba escribiendo mi libro fue algo interesante, maravilloso, ya que puede estar en contacto con la persona que le dio color a mi vida, ella vino a cambiar mi pasión de escritor, fue mi mano derecha en todo momento. Le doy gracias a Dios por transformar mi vida.

Gracias, MBA Isabel Zirate por formar parte de este sueño que estoy seguro con la ayuda de Dios será todo un éxito. Ella es mi prometida, la dueña de mi corazón y mi inspiración al escribir. Es una gran editora, ella se tomó el tiempo para trabajar en conjunto editando esta obra literaria. Hicimos una muy buena mancuerna, trabajamos día y noche, fueron arduas jornadas, editando palabra por palabra como el equipo que somos. Gracias le doy a Dios por juntar a dos almas con la misma pasión. Conquistaremos el mundo con la bendición de Dios, porque: "Todo es mejor, trabajando en equipo".

Capítulo 1

La puerta al mundo

Una persona que trabaja arduamente para tener un mejor futuro, es alguien que alguna vez pasó por tiempos difíciles; hay muchas personas en el mundo igual que yo, por alguna razón han tenido tropiezos en la vida. En el capítulo cinco podrán leer lo que es vivir una vida de rutina, algo que la mayoría de la gente hacemos, o vivimos a diario en el empleo que tenemos. Es satisfactorio el saber que tenemos un empleo seguro, pero no nos percatamos que estamos cayendo en la monotonía, suena el despertador a la misma hora todos los días, sales de casa por la mañana, y regresas a la misma hora todas las tardes, aparentemente estamos contentos con el trabajo que tenemos, pero de todos modos renegamos porque es insuficiente para cubrir las necesidades que se tiene en el hogar.

Lo primero que respondemos a nuestros hijos cuando nos piden algo y no podemos comprárselo es: No tengo dinero, no me quedo nada del pago esta semana, y con el paso del tiempo todo se vuelve rutinario, algo que tus hijos y tu pareja estarán cansados de oír lo mismo todo el tiempo, el escucharlo constantemente puede suceder que un día ellos te reclamen y te dolerá más el saber que has fallado como líder.

Ten presente que tú como adulto, padre o madre eres responsable de tu familia, ellos confían en ti, de la misma manera que un día tú confiaste en tus padres cuando eras un niño; no le niegues la felicidad a tus hijos sólo por tus creencias o tus pensamientos negativos, el creer que no puedes tener un mejor trabajo o una mejor forma de vivir sólo porque no tienes una preparación académica, la verdad es que todo tiene una respuesta en este mundo, es tiempo que dejes esa zona de confort y comienza a hacer una diferencia en tu vida, hazlo por ti y por tu familia.

No te limites a vivir una vida en plenitud llena de alegría y felicidad, permite que Dios te ayude a comprender los cambios que tiene para ti, para que puedas comenzar una nueva vida en abundancia. Abre la puerta al mundo de oportunidades, y podrás tener todo lo que anhelaste en tu niñez. Para aquellos que no me conocen, permítanme decirles que en mi niñez hubo pobreza que no se la deseo a nadie en este mundo, hubo tiempos difíciles, tenía que salir de la casa donde vivíamos mis hermanos y yo a pedir limosna para sobrevivir.

La vida tenía algo grande para mí, algo que nunca espere tener, y gracias a Dios hoy lo tengo en mis manos; una puerta abierta al mundo del negocio, el tener un negocio o el tener éxito en la vida es una bendición del cielo, es importante hacer énfasis en lo que haces con tu vida y como miras al mundo. No se trata solamente de hacer dinero y olvidarte del prójimo, todo lo que has trabajado sin descansar lo puedes perder sin darte cuenta; no te engañes tú mismo en pensar que todo lo que tienes es tuyo, cuando el mismo creador te lo puede quitar y dárselo a alguien que sí sabe cómo administrarlo de diferente manera, aprende a no ser egoísta y comparte tu sabiduría que adquiriste en el transcurso del tiempo con tus experiencias. Sé una puerta abierta para tu vecino, para tu familia, tus hermanos y amigos. Las cosas no suceden por accidente, todo tiene una explicación, que cuando sucede no podemos comprenderla, hasta después cuando comenzamos a ver los frutos de nuestro esfuerzo.

No te dejes llevar por las cosas fáciles de la vida, o por algo que te pueda causar problemas en tu vida o en tu negocio, cuando buscas algo fácil es probable que no sea bueno, quizá te lleve por un camino incierto. Una mala decisión te puede llevar a la destrucción, y no sabes cuánto tiempo te llevará el tener nuevamente una estabilidad económica.

Ten en cuenta todo el camino que has recorrido, todo el esfuerzo y el tiempo que has invertido para ofrecerles una mejor calidad de vida a tu familia, todo lo que has tenido que sacrificar para ser una persona de éxito, sólo así has logrado dar lo mejor de ti, todo ese tiempo que pasaste fuera de tu casa, ha valido la pena para tener una mejor vida. Todo eso te hace ser alguien diferente, alguien que siempre quisiste ser en el pasado y que ahora lo estás logrando, todo el esfuerzo que tú has realizado en el pasado tendrá su recompensa al final, por lo tanto, necesitamos estar alerta de no caer, no tropezar con obstáculos que podamos encontrar en el camino. El mundo nos puede ofrecer un millón de oportunidades, pero no serán fáciles de obtener. En el tiempo que yo tengo como empresario les puedo decir que me he enfrentado con varias personas que viven engañando a nuevos emprendedores que desconoce la forma de cómo se trabaja un negocio, hay personas quienes se dicen expertos en un negocio, y no se toman un tiempo para explicar las ventajas y desventajas con las que te puedes enfrentar al tener tu propio negocio.

Cada uno de nosotros tenemos la libertad de hacer lo que mejor nos convenga, tenemos la opción de decidir por nosotros mismos sin tener que dar explicaciones al mundo entero, o a la gente que está a nuestro alrededor. Cuando hablo del mundo entero me refiero al planeta donde vivimos, al grupo de gente con quien compartimos el diario vivir, con quien compartimos nuestro negocio. Es importante aprender a relacionarnos con la gente en algunas reuniones de fin de semana; en una reunión de negocio, una presentación, o simplemente una reunión entre amigos, esto nos ayudará a relacionarnos con personas de las cuales podemos aprender de ellas intercambiando conocimientos, e ideas.

En lo personal como hombre de negocios me gusta compartir mis conocimientos, y ayudar a transformar la mentalidad de las personas que deseen iniciar un negocio, es algo no muy común, pero en mí no hay envidia, y deseo que todos tengan una mente positiva para que puedan llegar a tener éxito en la vida. Sé que no todos los seres humanos pensamos igual, pero todos tenemos una meta en la vida, y que mejor que ser dueño de tu propio negocio.

Tú y yo tenemos que aprender a convivir en armonía, sabemos perfectamente bien que no es algo fácil, pero teniendo una actitud positiva todo se puede lograr, el ser positivo nos abre las puertas al mundo, no le vemos el lado negativo a las cosas, esto hará que tu vida cotidiana sea más ligera, porque no cargas con los sentimientos negativos del diario vivir. El ser respetuoso, educado, amable, atento, son valores que traemos de casa, la escuela inicia en el hogar, somos el reflejo de nuestros padres, y eso hace de ti, un gran ser humano, en la sociedad en que vivimos hacen falta personas más comprometidas a dar lo mejor de sí mismos, ya que nos encontramos en el camino con personas jóvenes que van por la vida sin ganas de disfrutar el presente, sin metas, sin sueños. El llevar cargando un costal lleno de negatividad te hará retroceder, la vida es un regalo de Dios, es un privilegio que algunas personas pierden a temprana edad, no sabemos cuándo dejaremos de existir, por eso vive cada instante de tu vida como si fuera el último, ríe, sueña, goza, disfruta, canta, piensa en grande, has que valga la pena tu estancia en este mundo. La vida es un tesoro muy preciado, si aprendemos a vivirla, le sumamos felicidad al corazón a cada paso que damos. La vida está llena de momentos felices que puedes disfrutar, la felicidad se encuentra en el aire que respiras, en un amigo, en la sonrisa de un niño, en la mirada de un anciano, en las flores, en el universo entero; es cuestión de disfrutar cada momento que respiras. Sé que no todo en la vida es fácil, sabemos que hay días grises, pero siempre habrá un nuevo amanecer, y una oportunidad más para volver a empezar, es cuestión de aprender de nuestras vivencias y mira la vida con fe, todo pasa por algo, Dios nunca se equivoca, y el nuevo día te traerá nuevas oportunidades para seguir luchando; sigue adelante, porque sólo el que no tropieza no sabe lo que es triunfar.

Nuestra mente puede llenarse de información errónea, una falsa información puede traer problemas en tu vida, ya sea algo que no es de mucho interés que proviene de una persona que no es muy confiable. Es muy cierto que tenemos opciones al mundo del negocio siempre y cuando tengas la actitud y la información correcta en tus manos. Si aplicamos la logística empresarial correctamente nos ayudará a ser más selectivos en los procesos que se requieren para llevar una buena administración de tu negocio. En la vida debemos de confiar en nosotros mismos, en lo que deseamos, ten la plena seguridad que si actuamos con fe todos nuestros planes se harán realidad, rodéate de gente que te impulse a ser mejor cada día, de personas triunfadoras igual que tú. Sé tú mismo, nunca trates de ser diferente sólo porque eres emprendedor, porque serás el ejemplo a seguir de quienes te rodean, quizá se presenten obstáculos o te dirán que tú no puedes, es cuestión de saber exactamente cuál es el giro del negocio que deseas emprender y tener la información correcta para iniciar; el ser el dueño de tu propio negocio te hace un líder, tendrás más responsabilidades, y mucha gente te seguirá, desearán ser como tú, te hace ser imitado por muchos que desean emprender un sueño, deberás poner el ejemplo con tus acciones, no es fácil mantener un negocio y más cuando nos encontramos con barreras de por medio, por ejemplo el miedo al fracaso, el temor, el no poder con una responsabilidad, el ser inseguro, el no saber cómo actuar ante una circunstancia que se presente, el no tener la solvencia económica, son obstáculos que se pueden presentan en el camino, lo importante es saber realmente lo que queremos y no permitir que nadie trunque nuestros sueños. Aquí no se trata de estar compitiendo con nadie, y tampoco se trata de estar jugando con las estrategias de aprendizaje; no estamos hablando de un juego de ajedrez, o un juego de baraja donde todo el tiempo hay un perdedor. Aquí estoy hablando de mantener un control en lo que estamos haciendo con nuestro grupo de negocio, tu grupo está dependiendo de ti como líder, eres esa persona que tiene la inteligencia y la experiencia en como emprender un negocio. Cuando yo apenas era un principiante, todo el tiempo me gustaba alimentar mi mente haciéndole preguntas a mi líder, algo que hoy puedo decir de él y su esposa, es que trabajar con ellos fue un orgullo ya que en dos ocasiones tuve el privilegio de compartir juntos diferentes negocios; gracias a sus enseñanzas pude adquirir todos los conocimientos necesarios para enfrentarme a la vida, y así he podido ver la puerta al mundo del negocio. Algo que no todos podemos mirar, aun teniendo la oportunidad de hacer cambios, no solamente para nosotros, también para nuestros hijos y nuestra familia. Mi libro anterior habla de tener una mente abierta, de cómo le puedes hacer para llegar a la meta, y lograr un beneficio enfocándote a decretar tu sueño. El tener más de un plan por escrito, te ayudará a desarrollar tu mente y compartir un poco de lo que tienes planeado, recuerda que deben de ser personas de suma confianza las cuales te darán la pauta a seguir con sus opiniones y retroalimentándote durante el proceso a tu meta; al compartir tus planes con alguien más debes tener la precaución de ser discreto al compartir tus ideas, mantén los puntos clave en silencio y no compartas tu idea al cien por ciento, puede ser que existan personas que no quieran verte triunfar y tendrán una opinión diferente a la tuya, y quizá te querrán derrumbar con comentarios negativos que te pueden hacer dudar de ti mismo.

Capítulo 2

Pasos para alcanzar el éxito

El tener éxito en la vida depende de ti, de tus sueños, de lo que quieres ser, es muy sencillo el saber qué es lo que quieres, las necesidades nos impulsan a buscar otros ingresos a nuestro bolsillo, lo importante es saber cómo hacerlo, puede haber formas muy fáciles de obtener ingresos, pero no te vayas por lo fácil, porque no podrás saborear el éxito al final de tu camino, eso no te dejará nada bueno, esmérate, esfuérzate por ser mejor, la vida es muy incierta, debemos caminar con pasos firmes hacia el éxito, detrás del miedo están todas tus metas, busca cómo puedes hacer para que tu nivel de vida cambie, para que puedas tener una mejor forma de vivir.

Nadie dijo que la vida sería fácil, hasta Dios sufrió en este mundo para que creyeran en él, debemos de confiar en todo lo que deseamos tener, y confiar en nosotros mismos, así llegaremos a la meta.

El éxito es fácil, depende de ti, de las ganas, y del empeño que le inyectes a tus sueños, brinca todas las barreras que se te presenten, busca soluciones, no obstáculos, el mundo es de los triunfadores, de los que luchan día a día por ser mejores en el mundo de los negocios. Existen muchos negocios que te pueden dar a ganar para tener una solvencia estable, tienes que ver donde te encuentras y cuáles son las necesidades de la gente para saber cuál sería tu prioridad ante un negocio. Hay muchas formas para llegar a la cima, sólo ten en cuenta cuál es tu meta, y hazlo, que nadie te detenga, persiste, lucha por tu ideal, y créeme que lo lograrás, todo te será más fácil si lo haces pensando en el futuro brillante que te espera cuando alcances la cima.

Muchas personas llegan a la cima y después no saben qué hacer, lo importante es llegar, y saber mantenerse, los negocios son muy celosos, requieren de tiempo para posesionarse en el mercado, es mucho el trabajo que se tiene que hacer previo al lanzamiento del mismo, se pueden llegar a truncar si no conoces el mercado que estas incursionando. Los pasos que debes seguir son muy sencillos, lo importante es tener muy presente tu meta hacia dónde quieres llegar, y nunca desistas de tu sueño por las barreras que se te atraviesen en tu andar por la vida con los planes que quieres realizar. Mira tu sueño hecho realidad, aunque todavía no lo empieces, al pensar positivo, estas decretando algo que ya das por hecho.

- ✓ Piensa positivo
- ✓ Sé persistente
- ✓ Sé entusiasta
- ✓ Sé optimista
- ✓ Y nunca desistas…

"Estos son algunos consejos que te pueden ayudar a lograr lo que traes en tu mente dando vueltas; sólo rodéate de gente con tus mismos sueños".

Todos alguna vez tratamos de guiar a alguien en nuestra vida, y quisiéramos cambiar la mentalidad del mundo entero, pero si el mundo no quiere cambiar, será en vano nuestro intento, así vengan tempestades en su vida, y aunque alguien se atreva a darles una mejor opción de vivir, de cómo cambiar, no lo harán porque les cuesta mucho trabajo dejar atrás todas esas malas costumbres que llevan por tantos años. Me he encontrado en el camino con personas que no hacen nada más que lamentarse porque no tienen suficientes recursos para vivir, les platico de las opciones que hay a nuestro alrededor, y lo primero que me dicen, no tengo dinero para hacer cambios, yo les respondo de la mejor manera posible que no se necesita dinero para hacer algo diferente en nuestras vidas, y mejor cuando se trata de nuestra familia. Si yo les estoy hablando de cómo alcanzar el éxito es porque hay más de una manera de poder hacerlo. Depende qué sea lo que tienes en mente hacer, tal vez no se necesita una fuerte cantidad de dinero, sólo se requiere de concentración y ser persistente en lo que tú quieres o en lo que estás buscando.

Nada, absolutamente nada es fácil en la vida, todo tiene un precio, hay que trabajar muy duro para alcanzar lo que queremos. Si algunos de ustedes tuvieron la oportunidad de leer mi libro anterior "Un sueño sin sueño" conocieron un poco de lo que yo tuve que vivir, lo que experimente para llegar hasta donde estoy ahora, y ser quien soy, después de tantos años de trabajar en diferentes lugares, después de fracaso tras fracaso, el tener que pasar largas jornadas trabajando bajo el fuerte sol y a temperaturas muy frías en el invierno; el trabajar en el campo no es algo fácil, tampoco ser chofer de camiones de carga, la experiencia te va dando la confianza para poder continuar con seguridad, al no tener preparación para trabajar en una oficina ya que tienes una responsabilidad en la vida. Mi primer paso para alcanzar el éxito, fue atender todas las instrucciones y tomar notas de los líderes que me abrieron la puerta al mundo del negocio, al mundo del éxito. El aprender de alguien quien tiene la experiencia es lo mejor que podemos hacer en la vida; algo que yo he aprendido, es a prestar atención cuando se trata de entrenamiento en cualquier evento de aprendizaje, para superación personal, no te impongas barreras a ti mismo, no te encierres en tu mundo de apatía que creaste a través de los años.

Muchos de nosotros en alguna ocasión decimos que el nacer pobre es el destino que Dios nos tenía escrito, yo pienso que se nace con un estatus social diferente, pero eso tiene solución mientras tengamos vida. Sé muy bien que hay gente que nació con fortuna, eso es porque en el pasado alguien de su familia trabajó muy duro para que su futuro estuviera asegurado y no tuvieran que pasar pobreza. Algo que algunos de nosotros no podemos comprender, es que cómo viviendo en pleno siglo XXI, en dónde todo puede ser posible con los avances de la tecnología, sigamos pensando en vivir igual, sin cambiar de vida; no ponemos en práctica los conocimientos, y nos lamentamos, nos quejamos porque no tenemos lo suficiente para comprar algunas necesidades básicas para la familia. Nadie tiene la culpa de lo que estás viviendo, nadie tiene la obligación de ayudarte si tú mismo no haces nada por cambiar el entorno en que vives.

Queremos cambios pero no queremos batallar, queremos tener todo pero no queremos trabajar más de lo necesario, es entendible que sólo tienes el fin de semana para convivir con tu familia, y ellos dependen de ti, pero a veces es necesario hacer algunos sacrificios, es erróneo el querer planear tu vida en sólo unas cuantas horas; cuando tuviste muchos años para vivir una vida plena de calidad y llena de alegría con tu familia, es importante analizar qué pasaría si algún día le faltaras a tu familia; pasamos tiempo haciendo cosas que no tiene ningún beneficio, el tiempo pasa de largo y sabemos que nunca más regresará, cuando en verdad deberíamos estar pasando tiempo pensando en la puerta de oportunidades que se te pueden presentar, y si no las aprovechas, tal vez ya nunca regresen a tu vida.

Cuando tú comiences un plan financiero y te dediques a generar entrada de dinero a tu cuenta bancaria, eso te dará un descanso al pensar que estarás generando ingresos para cuando te jubiles. Hoy es buen tiempo para aprender cómo administrar los frutos de tu trabajo, realiza un plan financiero para que el día de mañana no tengas problemas de administración.

Recuerda que el trabajar por tu sueño ya te hace un triunfador, sigue adelante con tus planes y sé persistente en tus metas. Da el máximo de ti, y eso te cambiará la vida, piensa en las aspiraciones que tienes, y todo lo que te propongas lo obtendrás por añadidura, primero Dios; no todos tiene la fortuna de ser triunfadores, es un orgullo que muchos no tiene por miedo al fracaso, es un precio muy alto que tenemos que pagar para obtener el éxito, no permitas que llegue el fracaso a tu vida antes de ser un triunfador; créeme que valdrá la pena al final del camino cuando veas los frutos obtenidos, cuando veas que tu familia se encuentra estable, eso te dará margen de poner tu granito de arena para ayudar a los que más lo necesitan. Nunca cambies cuando llegues a la cima, porque todos somos iguales ante los ojos de Dios, nunca te olvides de quien te dio la mano cuando no tenías nada, del que estuvo a tu lado en las malas rachas, recuerda que el tener éxito no te hará diferente a los demás, sé humilde y sencillo siempre.

El hecho de ser un triunfador es el reflejo de todo tu esfuerzo, algo que muchos no se atrevieron a hacer en su momento, ese plus que hiso cambiar tu vida, no seas del montón, se alguien quien resalte entre todos los demás, cuando los demás duermen, tú trabaja, cuando los demás pierden el tiempo, tú aprovecha para aprender cada vez más de la vida para lograr tu objetivo, la mayor satisfacción es cuando ves todo lo que realizaste en el transcurso de tu vida transformado en sonrisas felices, nada te dará más satisfacción que ver todo lo que hiciste por tu familia.

Ahí es cuando te das cuenta que la vida es un proceso, y debes de aprovechar cada minuto de tu existir, a muchas personas se les va la vida en discutir, renegar, en quejarse, en estar mal con su entorno, sólo porque no lograron sus metas, nunca desistas de lo que quieres ser, sólo tú puedes decidir qué camino tomar, tienes la opción de tomar lo bueno o lo malo que la vida te ofrece, has que al final de tu camino te sientas satisfecho de todas tus metas alcanzadas, trata de ser un ejemplo a seguir para las personas que vienen detrás de ti, que sigan tus pasos, tu escuela, tú ya marcaste el camino, deja que los demás sigan tus huellas.

Da vuelta a la página de tu vida, y sigue tu plan en tener algo mejor para vivir.
Joe Benavides

¡Deja huellas, para que otros te sigan!

Capítulo 3

Sin fracaso no hay éxito

El temor de no tener un futuro asegurado, o tener todo y por una mala administración perderlo, es algo que nos puede aterrar, o pasar por la mente, en el transcurso por la vida alguno de nosotros en alguna ocasión hemos pasado por fracasos donde hemos perdido todo. A veces es inexplicable lo que nos pasa, y no sabemos en qué momento nuestro barco se fue hundiendo, ya sea por negligencia o por un descuido. Nadie sabemos lo que pasará en el futuro, un día estamos arriba, o al otro día estamos abajo, la vida es como una montaña, lo importante es cuidar lo que con tanto esfuerzo se ha logrado, aunque no estamos exentos que pueda suceder. Cuando era niño más de una vez me tropecé, más de una vez caí al intentar trepar a un árbol, es algo que la mayoría de nosotros lo intentamos cuando fuimos niños. Un niño no se da por vencido muy fácil, él puede caerse un millón de veces, pero se levanta y sigue adelante con su meta, que es llegar hasta lo más alto de un árbol. Desde mi niñez jamás he tenido miedo de hacer algo fuera de lo normal, eso me ha impulsado a luchar muy duro para ser alguien con un mejor futuro; he tenido varios tropiezos, y por gracia de Dios he logrado salir adelante. En mis años de aprendizaje he tenido más de un líder de quien aprender, y algo que no puedo entender de las compañías, es ¿Por qué no pueden aceptar que alguien del extranjero exprese tan sólo unas palabras de motivación a su grupo de negocio? Yo como líder y como autor más de una vez me he encontrado líderes de negocios que les molesta cuando les propongo dar unas palabras de avivamiento, unas palabras de motivación. ¿Qué clase de ejemplo están dando estos líderes a sus seguidores o a sus miembros del negocio? No deben de actuar de esa manera, aunque sea un líder independiente o de una compañía, yo creo que cada uno de nosotros como emprendedores tenemos derecho de adquirir conocimientos no solamente de nuestro líder, sino también de personas con más alto nivel que nosotros por su vasta experiencia.

No creo estar tan lejos de una realidad, así debería de ser en cualquier negocio, o empresa. Todos podemos aprender de diferentes personas, diferentes motivadores, conocer que es lo que hacen, o a que se dedican. Así como un líder emprendedor se dedica a buscar más miembros para su grupo, también un motivador se dedica a enseñar a diferentes niveles de negocios, a cómo mantener contacto con sus empleados y con sus clientes. En los negocios lo importante es que todos compartamos los conocimientos ya que en algún momento necesitaremos uno del otro para emprender el vuelo que nos llevará al éxito.

Si nunca has tenido un fracaso, es porque nunca te has atrevido a intentar algo nuevo en tu vida, algo que te cueste aprender, o algo que te ha costado mucho trabajo obtener. No interesa cuantas veces te has caído, lo que interesa es cómo te has levantado. El fracasar no quiere decir que ya no puedes continuar con tu meta o con tu sueño; yo soy un ejemplo de perseverancia, a pesar de todo lo que viví, sigo en pie, he sido persistente en lo que quiero y en lo que he anhelado por mucho tiempo. Cuando era más joven pase tiempo trabajando en el rancho como jinete, y cada vez que el caballo me tiraba, me levantaba, me sacudía y seguía adelante con mi trabajo como vaquero que era; los años que anduve en el camino como chofer de camiones de carga, nunca me di por vencido solamente porque me encontré con tormentas de nieve o tormentas de hielo en el camino; para mí eran obstáculos tratando de desviar mi rumbo de trabajo, eran tropiezos tratando de detenerme, yo fui un chofer que nunca me detuve ante las adversidades, el mal tiempo no fue un pretexto para no llegar a mi destino. El ser persistente en la vida, hizo que diera un giro de ciento ochenta grados en mis años de chofer. Cuando se trata de seguir adelante con tu vida, no habrá nunca tormentas que puedan derrumbar lo que tienes fundado.

A través del tiempo, te darás cuenta que lo que hemos vivido y lo que hemos trabajado para tener un mejor vivir y darle una mejor vida a nuestra familia no ha sido fácil para ninguno de nosotros como padres. No busques el éxito donde no existe, no pierdas tu tiempo buscando un tesoro escondido, mejor comienza a planear y enfócate en trabajar con una actitud llena de pensamientos positivos, pensamientos que con el paso del tiempo te harán libre de esa esclavitud, de la rutina, de tener que levantarte siempre a la misma hora del día, y el tener que levantar a tus hijos y llevarlos con un familiar para que te los cuide mientras tu estas trabajando largas horas, podemos estar en un mismo lugar por un largo tiempo, no porque nos gusta, sino porque estamos conformes con eso que tenemos.

En lo personal nunca me he conformado con menos, todo el tiempo he buscado mejores oportunidades, un mejor empleo, una mejor forma de vivir. Si no te arriesgas nunca sabrás lo que es invertir en algo que te puede dar ganancias, si nunca pierdes, es porque nunca te arriesgaste a jugar con tu destino. Todos tenemos el poder de cambiar nuestro destino para bien de nuestro diario vivir. No temas al fracaso, al miedo de perder, si nunca fracasaste es porque nunca te has arriesgado a invertir alguna cantidad en un negocio. El que no arriesga no gana, tómalo como tú quieras, pero yo he ganado y he perdido porque me he arriesgado a todo. Sin fracaso no hay éxito, es algo que no todos podemos comprender si no estamos en el mundo del negocio.

Un ciego no puede guiar a otro ciego, de la misma manera que tú no puedes guiar a un grupo de emprendedores sin saber cómo hablar de negocios, si nunca has tenido un encuentro con personas de negocio, simplemente un emprendedor que lleva tiempo con su negocio debe de estar capacitado y su equipo de seguidores también, el entrenamiento es muy necesario cuando eres emprendedor, en una presentación es muy importante ver cómo se desarrolla tu grupo, el modo en cómo les enseñanzas los modelos de aprendizaje, deben tomar notas cuando están ahí en la presentación, eso te dará la consolidación de tus metas, esto es algo que algunos de nosotros no hacemos cuando iniciamos como empresarios. Recuerdo muy bien cuando emprendí mi primer negocio, nunca deje de prepararme día con día, jamás deje de atender cada entrenamiento y presentación de negocio, en ese tiempo yo no tenía una idea de lo que era tener mi propio negocio, nunca pensé que una persona como yo pudiera tener o hacer un cambio tan grande, un cambio intenso en mi vida. Fue en ese tiempo cuando me di cuenta que todo es posible si en verdad quieres tener un cambio radical en tu vida, con el paso del tiempo yo aprendí a perder y a ganar; es muy cierto que he tenido más de un negocio en el pasado, pero también soy consciente que no en todos tuve éxito.

No toda persona que es triunfador ha pasado por fracasos en su vida, pero a veces es necesario para tomar mejores decisiones, y conocer cuáles son nuestras áreas de oportunidad al hacer un análisis de los errores que se nos presentaron, a veces demostramos lo que no somos, por miedo a las críticas, no todo lo sabemos en la vida, no quieras ser quien no eres, la vida te ira dando paso a paso todo lo que quieras llegar a ser, no te hagas daño tú mismo creando fantasías en tu mente. La biblia dice:

"El que se engrandece será humillado, y el que se humilla será enaltecido". Cada vez que te das crédito a ti mismo por algo que no tienes o que has logrado, te estás engañando a ti mismo, pensando que eres una gran persona, un gran líder, cuando solamente eres un principiante y aún no tienes la experiencia en lo que estás haciendo; por ende sé humilde de corazón, no seas esa persona de humo, que hoy existe y mañana desaparece por no haber tenido bases firmes para seguir por las falacias que creaste en ti. Cuando camines por la vida, sé la mejor versión de ti mismo, sé autentico; transparente, preséntate como lo que eres, como eres, un empresario, un emprendedor o un seguidor; algo que yo aprendí de mis líderes que tuve en el pasado, es que ellos nunca se creyeron mejor que yo, o mejor que uno de sus seguidores; el ser una persona humilde no cambia quien eres, al contrario eso te dará mejor testimonio en años venideros.

Un maestro no nace, un maestro se hace, siempre y cuando conozca cómo aplicar los conocimientos y respete las reglas para llegar a ser un buen maestro. No esperes tener todo a la mano o que todo te caiga del cielo, mejor empieza a trabajar duro para que un día puedas decir, esto me costó mucho trabajo, todo tiene un precio y nada me fue dado en charola de plata. El trabajar por lo que tenemos es un orgullo y al igual la gente podrá mirar y admirar todo el esfuerzo que hicimos para tener la libertad de poder volar.

Todos por naturaleza nacemos con un talento, con el don de ser alguien en la vida y hacer algo diferente; el problema es que no todos sabemos descubrir ese talento, no nos damos cuenta hasta dónde podemos desarrollar lo que llevamos dentro. Yo les aconsejo a cada uno de ustedes que busquen ayuda profesional si tienes alguna duda para descubrir lo que hay dentro de ti, escucha a tu corazón, es tiempo de trabajar en el talento que Dios te dio; no temas ni dudes en buscar orientación, no te calles por miedo, busca quien te pueda ayudar y respaldar para desarrollar tu talento para tener un mejor futuro.

Aprende a ser un sembrador de éxito, alguien que pueda demostrar que sí se puede hacer todo teniendo actitud, un sembrador no es solamente aquel que tira la semilla y se olvida de ella; comienza a cultivar la tierra, es importante prestar atención en lo que estás haciendo, y créeme que vendrán tormentas, vendrán malos tiempos, pero si estás bien sujetado a las metas que tu tanto has trabajado, nada ni nadie te derrumbará. El trabajar y cultivar la tierra es trabajar con gente que aún no tienen una idea lo que es tener o correr un negocio. El sembrar la semilla es tener reuniones de negocio, tener presentaciones, es enseñarles que hacer y cómo hacerlo. El ave que vendrá a llevarse la semilla es aquella gente negativa que con el tiempo comenzaran a querer desviar la atención a todos esos miembros o personas que con tanto trabajo has estado educando. Son semillas que estos pájaros se comenzaran a llevar uno por uno hasta no dejar nada para cosechar; yo fui una persona que trabajé por muchos años en el campo, fui un sembrador con éxito, alguien que supo cómo cultivar las tierras para levantar grandes cosechas a fin de año; y ahora me dedico a cultivar almas, gente que quieran ser sembradores y estén dispuestos a pagar el precio para tener un mejor vivir. La biblia habla de la parábola del sembrador, algo que muchos de nosotros no podemos interpretar. Aquellos quienes conocen esta parábola pueden identificarse de igual manera en el negocio, en cómo ser un maestro de educación. Una persona que está certificada como motivador, es un sembrador y sabe cómo cuidar lo que ha sembrado. Recuerda que, si no siembras no cosechas, si no te arriesgas no ganas.

Cuando una persona está emprendiendo su propio negocio, es importante ir creando un historial que te respalde, no puede decir que lo tiene todo hasta tener un reconocimiento que avale quien eres y tus logros, no puede decir ya triunfé, cuando aún eres un principiante, imita a un jugador de baraja que se la juega al máximo hasta tener la mejor mano de poker; sé un emprendedor que no le tema a perder o ganar. Con el tiempo he aprendido que en el negocio se gana y se pierde, tal como el juego de baraja y el juego de ajedrez; cada pieza del ajedrez hay que saber cómo moverla y cuándo, en el negocio también hay que saber cuándo invertir y cuándo congelar las ganancias. Cuantos de nosotros nos podemos identificar con estas personas, jugador de baraja, un jugador de ajedrez, y un sembrador.

Mi consejo para ti es: Observa a tu alrededor, escucha lo que tu líder dice en cada presentación de negocio, en cada entrenamiento de negocio, si tú por algún motivo no lo haces, créeme que habrá alguien que pondrá atención y tú te quedaras atrás sentado nada más mirando cómo pasa el tiempo, la vida y las oportunidades, cuando el resto de los miembros que comenzaron su negocio, iban a pasos agigantados rumbo al éxito, cuando tú te incorpores, debes de llevar el mismo ritmo.

No quiere decir que la vida debe ser basada en fracasos, pero serán las experiencias las que vallan marcando tu vida al éxito, todos en algún momento de nuestras vidas hemos tenido una derrota, pero no quiere decir que ya no lo puedas volver a intentar, hay que fracasar para aprender, pero llamémosle experiencias vividas que marcaran un cambio en ti, y te dará la fuerza para volver a empezar con más ímpetu, con nuevas ideas, esto te hará identificar tus debilidades y aprenderás otras técnicas las cuales te podrán hacer que tu meta sea más fácil, al ver opciones de lo que puedes cambiar del antes y el después, eso hará que veas la diferencia y tendrás por ende el éxito que tanto anhelas.

Los cambios traen consigo experiencias inimaginables, vivencias que te dejaran una satisfacción inexplicable, pero recuerda que te costará tiempo, sacrificio y dedicación, atrévete a hacer los cambios que transformaran tu vida, y por ende, todo el entorno en que vives, créeme que valdrá la pena cada cambio que realices, piensa en positivo y llegarás muy lejos.

No estas compitiendo con nadie, eres tú el que quiere llegar a la meta, ya sea solo o acompañado de gente emprendedora igual que tú, rodéate de gente que tenga más conocimientos que tú, y aprenderás mucho de ellos, te motivaran a ser una persona de éxito, porque se unirán los conocimientos y pueden hacer una buena mancuerna, lo que tú sabes él quizá no lo conozca, y lo que él sabes, tal vez tú desconozcas. Sigue tus instintos de triunfador, y serás lo que tanto has deseado, sueña, crea, define tu ruta, y el cambio llegará. Recuerda que la fe mueve montañas, es sólo cuestión de decidirse a ser un triunfador, el fracaso no existe para los que tenemos la mente firme en lo deseamos en nuestra vida. Sé una persona de éxito y veras el mundo de una manera diferente si así lo deseas.

Capítulo 4

El fracaso tiene final

El hombre por naturaleza nace con la mentalidad de ser mejor de lo que ya es, pero no todos tenemos la habilidad para desarrollar el querer hacer algo o alguien en la vida. En este mundo de tendencias cada vez más perfeccionista, nos obliga a estar preparados para enfrentar los grandes cambios del presente siglo; no te quedes cruzado de brazos, aprende a darte crédito a ti mismo cada día por las metas alcanzadas al fin del día. Ten en mente que todo lo que tú realices hoy, tendrá su recompensa en el futuro, no importa si los resultados son pequeños o grandes, lo que interesa aquí es que concluiste lo que un día comenzaste.

Es imposible tratar de detener el mundo, la humanidad avanza a pasos agigantados al par con la tecnología, lo que sí es posible es trabajar en equipo y darle crédito a los consejos de los expertos. No trates de ser como un incapacitado, porque créeme que un incapacitado, aun así, también logra cumplir sus sueños brincando las barreras que se le presenten en su camino, eso nunca lo detendrá de hacer lo que quiere en su vida.

Te contaré algo que me paso hace algunos años, yo tengo muchos años usando lentes para poder manejar, los lentes eran esenciales para tener la licencia de manejo; sucede que un día cuando era tiempo de renovarla, el oficial que estaba atendiéndome me pregunto cuando me estaban haciendo el examen de la vista, que le dijera las letras que estaban escritas en el cuadro de la derecha, yo le respondí con las letras y números que yo estaba mirando, el respondió perfecto, posteriormente me comenta, me puedes leer lo que está escrito en el lado izquierdo, me sonreí y le pregunte que si esto era una broma, el oficial contesta diciendo no, Sr. Benavides; en ese momento yo sentí que el mundo se me derrumbaba, el oficial me pregunta que si había un problema, yo le conteste, espero que no señor oficial, me pregunta de nuevo, que es lo que mira dentro del cuadrito de la izquierda, yo no supe que contestar, porque ese día pudo haber sido el fin de mi vida, el fin de mi licencia de manejar; para ese momento el señor oficial ya sabía lo que estaba pasando, porque me puse triste y no pude contestar lo que él me preguntaba. En ese tiempo me di cuenta que estaba ciego, y pensé que ya nunca más volvería a manejar, y me pasaron por la mente muchas cosas negativas, cómo iba a mantener a mi hija, que le iba a contar cuando llegara a mi casa, se pueden imaginar la angustia que yo sentía en ese momento, todas mis ilusiones se derrumbaban y me costaba esfuerzo respirar por tan difícil noticia. Lo que el señor oficial me sugirió que fuera a una consulta con un especialista, y de acuerdo con los resultados ellos decidirían qué pasaría con mi licencia de manejar; se llegó el día de iría al doctor y descubrir lo que yo no quería escuchar. Ya me imaginaba los resultados de los exámenes, más sin embargo los enfrente con gran valentía, y me dice el doctor, Sr. Benavides, le tengo malas noticias, en ese momento quise llorar pero ya iba predispuesto a lo que me diría, y me aguante; cuando estaba escuchando todo lo que yo tenía que hacer, en los cambios que iban a suceder por el resto de mi vida, me hizo pensar en muchas cosas, ese día fui diagnosticado con una ceguera en mi ojo izquierdo, y el doctor me dio números telefónicos y direcciones de oficinas donde yo tenía que ir para recibir ayuda del gobierno porque yo era considerado una persona incapacitada, deshabilitada para siempre; al llegar a mi casa abrase a mi hija muy fuerte y le conté lo que me sucedía, mi niña se preocupó mucho y me pregunto: Y ahora, cómo vamos a vivir, de dónde iba a salir el dinero para comprar comida. En ese tiempo mi hija solo tenía trece años, ella estaba muy joven y no tenía la edad para comprender lo que estaba pasando, yo como pude logre tranquilizarla y le dije que todo iba a estar bien; yo hice como si nada pasaba y me fui a trabajar al siguiente día, mi lugar de empleo nunca se dio cuenta de lo acontecido; pasó un tiempo y yo sólo pensaba en cómo iba a solucionar lo que estaba sucediendo con mi vida, yo tenía que pasar la prueba por la ley del estado o no podría recuperar mi licencia de manejar nunca más.

Estando sentado en frente de la computadora, comencé a buscar soluciones de cómo obtener mi licencia, todos los resultados decían la misma respuesta, pero yo tenía que pasar la prueba para seguir adelante, sabía muy bien que todo estaba bien excepto la vista. Encontré la prueba de los ojos que tienen las clínicas para examinar la vista, fue ahí donde me di cuenta que todo se puede hacer teniendo actitud, y yo no me iba a dar por vencido de la noche a la mañana. Yo como padre soltero y con una responsabilidad hice hasta lo imposible para salir adelante, mi memoria no es la mejor del mundo, pero ese día todo cambio porque me pude memorizar cada una de esas letras y números que estaban en la prueba, y pude pasar lo que la ley me requería para tener la licencia de manejar. Cuando te encuentras con adversidades en tu camino pones a trabajar al máximo la mente queriendo hacer cambios cuando hay un motivo para hacerlo, yo no estaba listo para recibir el fracaso, no estaba listo para aceptar que hasta ahí llegaría mi vida. No importa cuántos tropiezos tengas, o las barreras que se te presenten tratando de derrumbar lo que has logrado por largos años; sólo tú tienes el poder de decidir cuándo serás un triunfador, un ganador de batallas.

Un guerrillero lleva por delante un escudo para protegerse del enemigo en el campo de batalla; mi escudo de protección ha sido el tener una mente abierta, el poder de decir yo puedo, tengo el poder de decidir cuándo y cómo continuar adelante en mi jornada de ser quien soy. El fracaso llega sólo si tú lo permites, aprende a tomar decisiones firmes, y no pongas atención al enemigo, el tiempo en alguna ocasión puede ser tu peor enemigo al no saber cómo llevar un plan de trabajo. Algo que yo he aprendido, es a planear para poder hacer las cosas en tiempo y forma, todo tiene un límite en nuestra vida. Si tú no puedes medir o no sabes cómo medir tu tiempo en tu agenda, ya estás perdiendo tu visión, tu meta de lo que tienes en mente. No te cierres a ti mismo la puerta de las oportunidades, no te cierres a compartir con los demás tu sabiduría, no seas egoísta, el ser un maestro es la mayor satisfacción que puedes tener, el brindar enseñanzas a través de tu ejemplo hará que otros quieran seguir tus pasos, y eso te hará ser un gran líder, un gran empresario, y un gran motivador en el mundo.

El compartir lo que sabemos no nos resta sabiduría, al contrario eso nos da margen de seguir aprendiendo cada día más, recuerda que uno nunca termina de aprender, todos los día hay algo nuevo que nuestro cerebro registra; somos como una computadora, que tiene mucha información en la memoria, Dios nos hiso tan perfectos, nos dio una mente privilegiada que no tiene fin, es algo que todos podemos controlar, cuando yo estaba angustiado por lo que estaba pasando en mi vida, cuando el doctor me dijo que yo era un ciego, eso me sirvió de experiencia en la vida para no darme por vencido jamás, no importa lo grande que sea el problema; algo que me hizo reaccionar, fue que no permití que un oficial y un doctor decidieran el rumbo de mi vida. Yo tome el control de mi futuro, y no iba a permitir que alguien le pusiera un punto final a mi historia.

Así como yo pude seguir adelante, tú también lo puedes hacer, abre tu mente y deja que Dios te guie hasta lograr lo que te mereces. Esfuérzate, da ese plus, ese extra, y lograras llegar hasta la cima del mundo.

Que hubiera pasado si no hubiera tomado cartas en el asunto de lo que estaba sucediendo en mi vida, agradezco a Dios por haberme dado la sabiduría de tomar el sendero correcto e ignorar las cosas negativas para poder llegar hasta la posición donde me encuentro, porque tal vez me hubiera sentido el peor de los hombres si hubiese terminado viviendo del gobierno como muchas personas que terminan haciéndolo por ser lo más fácil. El darte por vencido no soluciona nada en la vida, eso te traerá problemas financieros por no tener el valor de decidirte a ver el abanico de oportunidades que se te pueden presentar en la vida, las probabilidades de triunfar pueden ser muy alta si tienes bien claras tus metas, no destruyas tu futuro ni el de tu familia.

Cuando iniciamos un plan de trabajo, debemos tener el valor de soltar el pasado, y tener en mente que tienes que abrir tus alas para volar hacia nuevos horizontes, deja todo lo que te atormenta, el presente es lo más importante; los fracasos que una vez te hicieron sufrir, todas las dificultades que un día pasaste junto a tu pareja, o junto a tus hijos, eso ya quedo atrás, olvídate de los días grises que un día viviste, ahora es tiempo de sonreír al mundo, toma en cuenta que nada de eso paso porque tú así lo quisiste, eso paso porque tal vez hubo un descuido en tu plan de cada día.

Nunca compares al pasado con tu presente; el pasado es eso, pasado, y el presente es tu futuro, aunque es incierto, tienes un millón de oportunidades de salir adelante, deja que tu mente vuele, dale la libertad de hacer su trabajo tal y como está diseñada. Nunca detengas tu vuelo, tus pensamientos, y tu forma de ser. Déjate llevar por el camino a la libertad, el camino a la felicidad; una felicidad que sólo tú puedes desarrollar cuando te des el tiempo para sacar de tu memoria todas esas ideas que por tanto tiempo llevas guardas, esas ideas que tal vez puedas compartir con alguien. De acuerdo a lo que tú siembres eso vas a cosechar, de todo lo que escuchas entre la gente, entre los líderes eso mismo tú puedes compartir más delante. Si hay algo que desconoces, aprende a preguntar deja de caminar con los ojos cerrados sin tener alguien quien te guie y te dé instrucciones para caminar sin tropezar. Un tropiezo en la vida te puede costar una fortuna algo que nunca jamás podrás recuperar.

El fracaso tiene final, siempre y cuando busques soluciones a cada uno de los problemas que se te presenten en la vida; habrá momentos en que las soluciones quizá no dependan de ti, es cuestión de enfocarte en lo que pasa a tu alrededor, y observar con detalle pensando analíticamente las posibles soluciones a cada cosa que el destino nos tenga preparado.

Yo aun sabiendo lo que me estaba pasando, nunca desistí, busque soluciones a mis problemas, mi vida estaba pendiente de un hilo, y aun sabiendo que la respuesta sólo la tenía el doctor, sabía que Dios no me abandonaría, y con fe, logre obtener lo que necesitaba para seguir mi camino rumbo al éxito.

No podemos cambiar los designios de Dios, pero si podemos tener la mente abierta a posibles soluciones que tengamos, Dios dice ayúdate que yo te ayudaré, no dejes pasar la vida, sin encontrarle el sabor del éxito, el fracaso tiene final al ponerle un punto final.

No te limites, piensa en grande, sueña en grande y Dios te guiará para ser lo que deseas en la vida, recuérdalo siempre, "Primero Dios".

Capítulo 5

La rutina

Aprende a volar tan alto como las águilas, no permitas que nada detenga tu vuelo, aprende a vivir en plenitud; no seas conformista, ni pretendas ser feliz con menos, siempre hay que ir en busca de la perfección; un niño que llora cada tres horas, sabe que su madre le dará de comer, desde que tenemos vida aprendemos a manipular desde recién nacidos, y aprendemos a controlar sabiendo que todo se nos dará, somos seres indefensos a esa edad y no podemos valernos por sí mismos. Algunos de nosotros vivimos, así como un niño esperando que alguien venga y nos de lo que necesitamos, aun sabiendo cómo hacer las cosas, y no lo hacemos porque la rutina es mucho mejor que salir y hacerlo nosotros mismos; con el transcurso del tiempo, se nos hizo una rutina de vivir solicitando ayuda a la familia.

No permitas que tu vida sea como la de un pez dentro de un acuario, nada más limitándose porque su memoria dura sólo tres segundos y se le olvida que está dentro de un acuario, y se da de topes con el vidrio porque se le olvida que hay un fin dentro de la pecera. Eso es lo que estamos haciendo con nuestras vidas, vamos de fracaso en fracaso y se nos olvida cual es la finalidad de nuestra vida en este mundo; y no nos decidimos a tomar las riendas de nuestra vida. Los humanos más de una vez actuamos como un pez, vivimos dándonos de topes en lugar de cambiar nuestra mentalidad, es un paso muy importante que debemos de dar para poder cambiar nuestro estilo de vida que llevamos.

Cada vez que tu mires una oportunidad ya sea grande o pequeña tómala y transfórmala en meta, el tener tu propio negocio no es una mala idea, pero debes de informarte muy bien e investigar todo a cerca de ese negocio, procura tomar todo con calma y analiza las opciones que puedes tener al iniciar ese proceso de investigación, ya sea en el estudio de mercado, en buscar la ubicación del local, revisar si tienes competencia a tu alrededor, o la creación de un "FODA", para ver todas tus Fortalezas, Oportunidades, Debilidades o Amenazas para iniciar. Es importante que realices este análisis ya que te dará respuesta a muchas dudas que tienes para emprender tu negocio. Busca si hay entrenamiento de negocio y presentación de liderazgo ya que en poco tiempo tú podrás ser esa persona dando la presentación de negocio.

Este análisis te dará toda la información que requieres para comenzar sin dudas, te abrirá muchas puertas y tendrás la oportunidad de ser alguien diferente, habla con tus amistades, la comunicación es muy importante dentro del mundo de los negocios. Si tú te das cuenta ya estas comenzando a dejar atrás esa vida de rutina que una vez tenías. Ahora depende de ti en como continuar adelante con el proceso de ser tu propio jefe. De hoy en adelante tendrás muchas cosas que hacer y planear para no volver a caer en donde estabas tiempo atrás. En el capítulo uno les hable de una vida rutinaria, les hable de cómo salir adelante y poder hacer una diferencia no sólo en tu vida, también en la vida de tu familia. Más de una vez hemos tratado de buscar una salida, pero el mundo se nos cierra cuando dejamos de intentarlo más de una vez. El darte por vencido no soluciona nada, solamente estas creando pensamientos negativos, algo que en verdad no necesitas. Cada vez que tú haces esto, ya estas creando tu propia celda y te estas encerrando en tu prisión, una cárcel que con el tiempo vas a necesitar ayuda para poder salir de donde estas. Te digo estas cosas porque yo pase por eso cuando estaba aferrado a trabajar mucho más cuando me encontraba en tiempos difíciles. Muchas veces le invertimos tiempo de más al trabajo, y lamentablemente no es reconocido por nuestros superiores, Siempre tenemos que pedir permiso para todo, y esto nos limita a tener el tiempo necesario para descansar. Tu supervisor todo el tiempo te va a mirar como el empleado que eres, siempre serás otro más de la línea, otro esclavo, otro preso que estará bajo su mando. Se escucha un poco drástico, pero es una realidad que muchas personas no quieren ver por el confort de la rutina.

A veces en las empresas nos encontramos con compañeros que para poder sobresalir buscan la forma de acercarse más a los altos mandos, sin ofender a nadie, con todo respeto, pero esa es una forma no muy recomendable de querer escalar un peldaño en tu trabajo, esmérate, esfuérzate por ser mejor y tu jefe valorará todo el potencial que llevas en ti, y lograrás lo que te propongas por tus propios méritos, trata de ser diferente a los demás y veras los resultados. En más de una ocasión estas siendo utilizado para lograr la meta de alguien más, sin darte cuenta que sólo te están explotando, tú estás haciendo todo el trabajo y alguien está agarrando el crédito, ya es tiempo que dejes de ser esclavo de tu propio trabajo.

Es tiempo que comiences a pensar y planear en algo que te de mejores beneficios. Ya es tiempo que dejes esas cicatrices atrás y comienza a cambiar tu vida.

Si en alguna ocasión alguien te hizo mal, si alguna empresa te trato mal, es momento de descargar tu mente de las cosas negativas y superar todos los patrones que te están limitando, saca ese rencor que por mucho tiempo has cargado contigo, olvídate de los que un día te hicieron mal. Aprendamos a trabajar en equipo, aprendamos a compartir nuestra sabiduría con aquellos que necesitan de nuestra ayuda; todos en esta vida tenemos un propósito, ¿Cuál es tu propósito en esta vida?

Hace tiempo, descubrí cual era mi propósito en esta vida; me di cuenta que el creador me había dado algo que no sabía que existía, cuando descubrí el don que Dios me había dado, fue ahí cuando comencé a trabajar en mi destino, eso que estaba escrito para mí. El día que yo cure todas esas cicatrices, cuando dejé que sanaran esas heridas de la vida, toda comenzó a cambiar. Aunque las heridas sanan, las cicatrices quedaran por siempre en ti, para que recuerdes que todos tenemos un precio por pagar en este mundo. Son enseñanzas de la vida para que aprendamos que los errores existen y sin ellos nunca aprenderemos a ser agradecidos por lo que tenemos, o lo que hemos logrado tener. Por cada fracaso hay una lección, recuerda que cada tropiezo te hará más fuerte; pero no desistas porque detrás de todo ese proceso está el éxito que tanto deseas en tu vida, es el triunfo que te mereces por todo tu esfuerzo.

Cuando llegues hasta donde tú quieres estar, piensa en lo que has logrado, enfoca tu mirada y tu mente a seguir adelante con lo que ya lograste, enseña a tus hijos como ser unos triunfadores de tal manera como lo hiciste tú, es algo que yo espero ver en mis hijos un día, me encargaré que aprendan de mí, seré su ejemplo a seguir, seré su líder por muchos años si Dios me lo permite. La mayoría de los padres sueñan con mirar a sus hijos convertidos en personas de valor, personas de respeto, de éxito, que aprendan a valorar la vida, lo que han logrado, y todo ese trabajo duro que les costó días y noches sin descansar. Eso es algo que a mí me hubiera encantado mirar y aprender de mi padre; mi padre todo lo que aprendió fue como ser un trabajador de campo casi toda su vida, porque eso aprendió él de su padre.

La vida a veces puede convertirse en una rutina, esa es una forma de ir muriendo lentamente sin que nos demos cuenta, ya que cuando menos lo imaginas tu vida se ha vuelto un caos, a veces es necesario salir de nuestra zona de confort para agarrar nuevos aires y volver a empezar, es muy cierto que yo aprendí de mi padre como trabajar en el campo, de igual manera como él lo hizo de su padre, pero no quiere decir que yo tengo que seguir haciendo lo mismo y enseñar a mis hijos a hacer lo mismo. En los capítulos anteriores les conté que yo no tengo estudios, pero la verdad que eso no ha sido un impedimento para tener una vida diferente a lo que nuestros padres vivieron simplemente porque según ellos, ese era su destino. Si nos dejamos llevar por las creencias de lo que dice la gente, lo que te impusieron tus padres, nunca podrás salir de la pobreza, nunca podrás ser alguien diferente en tu vida o la vida de tus hijos. Alguien en algún momento tiene que quebrar esos patrones de nuestros antepasados, y nuestros padres. Tal vez tú eres la persona indicada para hacer algo nuevo para el futuro de tus hijos, para las generaciones que están por venir. Es tiempo de dejar todo eso atrás y comenzar algo nuevo, algo que será de beneficio para ti y para el resto de tu descendencia en el futuro.

No permitas que algo tan simple como un empleo de pago mínimo te detenga en ser un triunfador en la vida, el cómo ser una persona de negocio, una persona victoriosa. El ser una persona con fortuna no es pecado ni tampoco un crimen, lo que sí es pecado es ser un perezoso. La biblia habla de la pereza y de los que codician lo que el hermano tiene, el codiciar y la pereza es pecado porque no quieres trabajar, y aun codicias o envidias lo que tu hermano tiene. Esto es algo que muchos de nosotros como humanos pasamos haciendo toda nuestra vida, porque no queremos o no tenemos ganas de salir y buscar un empleo. La opción de tener un trabajo o un empleo está ahí, sólo te cuesta tomar la decisión de comenzar a hacer algo.

Déjame decirte que el tener un empleo de pago mínimo y tiempo completo, nos imposibilita a buscar otras opciones, ya que no tenemos tiempo de ir a buscar otras oportunidades, y si faltas a tu trabajo, ese día te será descontado de tu nomina, no hay flexibilidad en las empresas para buscar nuevas opciones. Muchas veces las empresas pagan un salario mínimo porque saben que tienes necesidad de trabajar, y saben que, aunque sea poco el pago, lo necesitas porque es algo seguro. A las empresas no les afecta que tú no vallas, somos necesarios mas no indispensables, a veces damos todo por la empresa y no somos bien remunerados, es lamentable decirlo, pero es una realidad que muchos empleados viven. La empresa te tiene donde ellos quieren, ellos saben muy bien que si dejas de trabajar no tienes lo suficiente para sobrevivir por largo tiempo. Hay otra opción que podemos tomar si nosotros queremos; la otra opción es tener dos trabajos de tiempo completo, y eso te dará una mejor calidad de vida.

El que quiere sobresalir en la vida lo hará, brincará todas las barreras que se interpongan en su camino, sin importarle tener largas jornadas laborales, esa clase de persona es la que necesitamos en este planeta para poder cambiarlo. Todos queremos tener éxito, pero no todos estamos preparados para cambiar nuestra mente, y hacer algo diferente en la vida. Cuando comiences a mirar a tu alrededor y veas los cambios que has hecho en corto tiempo, sabrás que todo es posible.

Aprende a llamar la atención en el mundo que vives, la forma en que tú te comunicas con la gente; date a conocer con tus amistades cuando tengas reuniones familiares o de negocios. Cada vez que estés en una presentación de negocio observa bien en todo tu entorno y obtén todo lo que en dado momento te puede hacer crecer para tu propio beneficio más delante. Todos sabemos muy bien que todo es mejor cuando se trabaja en equipo, los resultados suelen ser más favorables. De esta forma podremos darnos la oportunidad para crecer más pronto en nuestro negocio. Nunca es tarde para comenzar algo en tu vida, en lugar de estar estancado sin encontrar una salida, el ser un esclavo de tu trabajo en esa empresa que por largo tiempo te han estado explotando sin garantía alguna, deja ese miedo atrás y piensa en las oportunidades que tienes frente a ti, algo que tal vez ya nunca podrás tener o mirar en tu vida.

La rutina que vives es algo que hacemos todos en alguna vez, y no lo podemos mirar o aceptar. Te aconsejo que tomes el control de tu vida antes que sea demasiado tarde y ya no tengas salida o una solución en tu porvenir.

Cuando en nuestro diario vivir se nos presenta la rutina, a veces no nos damos cuenta que estamos viviendo esa etapa en nuestra vida, a veces es difícil salir de ella porque se nos hace una costumbre, y no es aconsejable porque nos llevará al fracaso, porque todo se hace monótono, y al final ya no le hallas sentido a muchas cosas que haces, sólo las haces por inercia, porque se volvió una rutina tu día, hay muchas formas de poder salir de ahí, ten presente que la vida la podemos disfrutar de mil maneras:

- ✓ Tómate tiempo para salir a caminar
- ✓ Sal a respirar aire puro
- ✓ Disfruta de una bella mañana
- ✓ Goza el clima de un bello día
- ✓ Saca todo ese estrés que traes dentro
- ✓ Abre tus brazos al cambio…

Nunca sabrás lo bonito que es vivir si no lo intentas; recuerda que el trabajo nunca se termina, hay una frase muy común en las empresas que dice: "Todos somos necesarios, más no indispensables", siempre estamos dispuestos a dar lo mejor de nosotros en la empresa, sin pensar que nos estamos consumiendo día con día, disfruta de tu trabajo, pero también disfruta de tu vida con tu familia, porque el tiempo no regresa.

Capítulo 6

El éxito detrás del miedo

El no tener un control en tu vida te puede traer consecuencia en tu futuro, me estoy refiriendo al no tener un plan de cómo trabajar en tu diario vivir, la forma en que más de una vez malgastamos el tiempo y no podemos darnos cuenta en dónde quedo un minuto o una hora; así de fácil se nos va el tiempo en cosas sin importancia que no le dan valor a tu vida, el tiempo vuela y no lo sentimos porque estamos tan ocupados con demasiadas cosas en nuestra cabeza.

Hay muchas cosas en la vida que podemos hacer para cambiar de estatus, pero para muchos no tiene significado, hoy en día nadie pone atención en lo que hacemos, todos estamos ocupados realizando alguna actividad que no tiene beneficio alguno, pero seguimos haciendo cosas de diario sin darnos cuenta que vamos por la vida con una venda en los ojos sin poder mirar al frente; perdemos tiempo mirando televisión por largo periodos, cuando puedes salir a buscar cambios en tu vida. Puedes permanecer sentado ahí mirando televisión perdiendo lo más valioso que tienes que se llama "Tiempo" pero esa es tu decisión, tarde que temprano empezaras a darte cuenta cuando económicamente no tengas para vivir, comprenderás que ha sido un gran error malgastar tu tiempo en algo que sólo te ha perjudicado. Podemos inventar cualquier mentira a nuestros hijos, pero tarde que temprano ellos se darán cuenta del por qué nunca tuviste un trabajo de tiempo completo, o tal vez nunca quisiste trabajar porque preferías perder el tiempo en algo sin beneficio, lamentablemente esto es una realidad.

Si ese fuera el caso, muchos de nosotros no tuviéramos un empleo simplemente porque trabajar es muy pesado. En mi juventud el tener que trabajar no era una opción, en ese tiempo el que no trabajaba no tenía comida en la mesa. En mi casa todos trabajábamos después de escuela, y todo el verano en vacaciones de escuela, si mis hermanos y yo no trabajábamos, no teníamos vestimenta cuando regresábamos a la escuela.

El trabajar es algo que nunca me ha asustado hacer, los jóvenes de hoy en día no quieren trabajar porque se sienten protegidos por sus padres, o simplemente no es lo que desean, porque a veces perciben salarios mínimos, en la actualidad los padres modernos les dan todo lo que los hijos desean, los consienten sin saber que les hacen un mal, y ese es el motivo por el cual hay tantos jóvenes en problemas con la ley, porque ya los mismos padres les arruinaron la vida.

El sobreproteger a los hijos es un arma de dos filos, porque los queremos tanto que no nos damos cuenta que les estamos haciendo un mal al resolverles sus problemas, ellos caen en su zona de confort ya que no se preocupan por nada porque saben que alguien más les resolverá la vida. No estoy diciendo que todos los padres somos sobreprotectores, habrá quienes, si les estiran las riendas por el bien de ellos mismos, aunque a veces nos duele corregirlos, sabemos que cuando sean personas maduras nos lo agradecerán. Lo mejor que podemos hacer para ayudarlos es prepararlos día con día impulsándolos a que estudien y sean profesionistas para que tengan mejores oportunidades de un buen trabajo con mayores prestaciones, o porque no, tal vez su propia empresa.

La responsabilidad de un padre no es darle al hijo todo lo que le pida, su responsabilidad es guiarlo por el buen camino y enseñarle como ser una persona de valores y principios firmes. La necesidad me hiso salir en busca de mi propio sueño, tuve que aprender a perder el miedo, y buscar una mejor calidad de vida, eso fue algo que me hiso perder la vergüenza al no tener estudio, más de una vez fui rechazado en los lugares donde buscaba un empleo, como fue pasando el tiempo, me fui armando de valor para enfrentar la vida tal y como era, y ver mi destino como estaba escrito. Así pase muchos años, pensando que mi destino era trabajar por el resto de mi vida en los sueños de otra persona emprendedora que estaba haciendo sus sueños realidad. En una ocasión le pregunté a una persona con quien trabajaba en ese tiempo, que como había logrado ser propietario de su negocio, el señor me platicaba que él trabajó muchos años con diferentes personas y todos los patrones lo trataban de la misma manera, no tenían respeto por los empleados. Este señor comenzó a planear y pensar como tener su negocio y ser el dueño de su propio tiempo.

El confrontó su miedo y comenzó a platicar con uno de sus mejores amigos tocante a una idea que tenía, este señor quien era mi patrón en ese tiempo comenzó su negocio más o menos a la edad de cincuenta años junto con un colega quienes trabajaron mucho tiempo juntos hasta que un día su compañero de negocio murió, ya para ese tiempo el señor quien tenía parte de las acciones de la empresa, poseía una fortuna en el banco y logro comprar la mitad de su compañero y ser propietario de toda la empresa.

A la edad de setenta y cinco años este señor ya tenía veinticinco años con el negocio. Cuando él dejo el miedo, se dejó guiar por lo que miraba y lo que quería para su futuro, hasta hoy es un triunfador porque hiso su sueño realidad. Él fue mi amigo y patrón por muchos años, más nunca tuvo en sus manos un diploma o certificado de educación y aun así logro tener algo más que un título, una empresa que le dio muchas satisfacciones y recompensas por tantos años de trabajo.

Cuando yo conocí a este empresario en el año 2002, comencé a darme cuenta cómo él había llegado hasta donde se encontraba, fue en ese tiempo cuando me puse a pensar que tal vez también yo un día podía ser alguien más que solamente un empleado. Yo aprendí mucho de este humilde hombre, porque, aunque tenía una gran fortuna, nunca se hiso creer mejor que sus empleados. Más de una vez me platicaba de la pobreza que vivió con su familia, las humillaciones que paso con las personas que un día fueron sus patrones. Este señor que lleva por nombre Donald Cook, nunca miro sus empleados como sus esclavos o sus siervos. Esa es la diferencia de una persona que puede entender la mentalidad de alguien que tiene que trabajar largas horas bajo las altas temperaturas del sol, algo que él también vivió antes de ser un empresario.

Yo recuerdo que más de una vez en el invierno por causa del frio y del hielo que caía por la noche nadie se presentaba al trabajo, solamente él y yo estábamos presentes en la oficina mientras el resto de los empleados se quedaban en casa en lo calientito. Un día con él, era como estar en la escuela aprendiendo como ser emprendedor. En los años como empleado de esta empresa pude aprender muchas cosas que hoy puedo usar en el proceso de ser quien soy. La persona que está dispuesta en aprender algo nuevo o diferente, ya es triunfadora.

En los capítulos anteriores les hablé del enemigo número uno que se llama miedo, esa es la primera barrera con la que nos encontramos en el camino al éxito, deja de estar pensando siempre en lo mismo, dale valor a cada etapa de tu vida, deja que todo lo negativo fluya para que des paso a los pensamientos positivos, no pierdas tiempo buscando el tesoro escondido dónde ya sabes que no hay nada.

Todo tiene un límite en la vida, un principio y un fin, y tú ya llegaste a tu límite de estar en el mismo lugar, cubre ese agujero con tus batallas, con tu pasado y sigue adelante;

mira hacia el frente, camina sin miedo de tropezar, deja que el futuro alumbre tu camino a la felicidad, la felicidad de ser una persona libre y poder tomar tus propias decisiones, el cumplir tus deseos de tener tu propia fortuna y sentirte orgulloso de ti mismo; cuando hablamos de fortuna, no es solamente monetario, podemos acumular una fortuna de momentos que nos hacen más placentera la vida, de vivir simplemente en armonía disfrutando cada segundo de nuestro existir, el hoy es presente, el mañana es incierto, "Vive sin miedo".

La palabra miedo encierra un sinfín de términos en los cuales todos dan como resultado, la falta de interés en querer salir adelante por miedo a perder, al fracaso, a no obtener los resultados que esperabas o simplemente es el rechazo a lo desconocido. El hombre desde que tiene conciencia, ha tenido una serie de sentimientos innatos, y uno de ellos, y tal vez sea una de las características principales para su supervivencia, siempre ha sido el miedo. El miedo se encarga en muchas ocasiones de hacernos conscientes de los peligros externos que nos pueden amenazar, y nuestro organismo los interpreta como peligro, es por ende que a veces sentimos ese rechazo de dar el primer paso al éxito.

Nunca es tarde para iniciar tu propio negocio, no tengas miedo, lánzate, inténtalo, recuerda no hay una edad para alcanzar tu meta, grandes personajes alcanzaron el éxito a muy avanzada edad, tú marca la diferencia y se parte del grupo de triunfadores que superaron el miedo.

Esto es algo que yo aprendí en el transcurso del tiempo que llevo trabajando como emprendedor, la edad que tengo son solamente números, por muchos años yo pensé que por mi edad y el no tener una educación jamás podría ser alguien diferente a los demás. Todos aquellos que un día me decían, tú no puedes hacer nada porque no estas certificado, que equivocados estaban; nunca intentes detener una mente abierta, no límites a otros simplemente porque tu estas bendecido con una educación que por causas del destino no todos pudimos obtener.

El día de mañana cuando despiertes y mires a tu alrededor, descubrirás que siempre hay respuestas para todo lo que buscas, y lo mejor de todo, es que tú lo puedas compartir con el mundo entero. La respuesta para darte a conocer con el mundo es algo muy fácil de hacer, congrégate con gente que te pueda aportar ideas nuevas, frescas, que no tema a los retos; el pasar tiempo con alguien con más estudio que tú, no te hace menos de quién eres, simplemente te abre la mente al aprender cosas que tu un día no podías comprender o que tal vez no sabías como desarrollar.

Quiero que sepas que yo también pase por esa etapa cuando no podía comprender muchas cosas, especialmente cuando estaba en el proceso de ser un autor. Nunca te sientas superior a los demás, porque todo cae por su propio peso y esa caída será la más cruel que vivirás. Se humilde y el mundo lo tendrás a tus pies, recuerda siempre estas dos palabras mágicas "Por favor y gracias", tienen el poder de abrir la puerta del éxito.

Hace dos años que publique mi primer libro, y todavía no puedo decir que soy un gran escritor o un gran autor. Si yo en un momento comentara eso de mí mismo ya estaría sintiéndome superior a la gente que me rodea y con quien convivo de diario, yo soy igual que tú, igual que todos, no soy ni más ni menos ante los ojos de Dios.

No te dejes guiar por lo que miras en el espejo cada mañana, nunca te olvides quién eres y de dónde vienes. Tú aprendiste de líderes que estuvieron dispuestos a guiarte paso por paso en cómo ser lo que hoy eres; eres un líder con éxito porque comenzaste a dejar el miedo atrás. Tú comenzaste a creer en ti, comenzaste a crear tus propias ideas, comenzaste a pensar diferente, comenzaste a mirar hacia adelante ya con otra perspectiva de la vida, recuerda "Supera el miedo y obtendrás el éxito".

Capítulo 7

El éxito es personal

En la actualidad la gente se dice tener éxito cuando acumulan grande cantidad de dinero, más sin embargo el éxito no se basa en acumular riquezas. Cada día que iniciamos y concluimos ya es un éxito, porque viviste un día lleno de bendiciones, aun teniendo algunas dificultades, logramos sobrepasar esos obstáculos que trataron de detenernos en el transcurso del día.

Todos los días es una bendición comenzar con nuevos proyectos que nos llevaran a alcanzar el éxito, el tener un plan para cada día de la semana es algo que muchas personas no tienen. Recuerda que el planear significa tener control de tu propia vida hoy y para siempre, aquel que no planea, nunca podrá ser dueño de su propia vida, nunca podrá decidir por sí mismo, porque tiene toda su vida esperando que alguien decida por él lo que debe hacer cada día que pasa. El planear no es algo que no podamos entender, el planear es tan fácil que hasta un niño puede hacer al despertar por la mañana. Un padre que pone atención a su familia pude saber estas cosas porque sus niños de diario le dicen que es lo que quieren hacer durante el día.

Pon mucha atención en lo que un niño dice y hace al despertar cada mañana, en más de una ocasión nosotros como adultos también podemos aprender de nuestros propios hijos. Cuando un niño está muy silencio no es porque esta triste o porque está deprimido. Este niño está trabajando con su mentecita pequeña algo que hacer, él está planeando como llamar nuestra atención. Cuando mi hija estaba muy pequeña ella se sentaba en los escalones que había frente a mi casa, desde adentro donde yo estaba sentado la podía mirar como ella movía sus manitas y platicaba con ella misma las cosas que ella planeaba hacer ese día.

Mi hija fue única y por eso yo pasaba mucho tiempo con ella para que no se aburriera durante el día, ella aprendió a leer y a escribir a muy temprana edad porque yo me tome el tiempo para enseñarle, cuando se levantaba por la mañana realizaba una lista de las cosas que tenía planeado hacer ese día, para un niño el pasar tiempo con su padre es algo que nunca en su vida olvidará. Cuando mires a un niño sentado en silencio hazle compañía y pregúntale que está pensando y que es su plan del día, créeme que te sorprenderá escuchar cómo piensan.

Algunos de nosotros perdemos tiempo haciendo cosas que no tienen valor, cosas que nos hace perder tiempo tan sólo en pensarlas. El perder tiempo es muy común en la humanidad desde el principio del mundo cuando la creación de Dios. Algo que algunos de nosotros sabemos es que cuando Dios creo a Adán le dio trabajo que hacer. Muchos de nosotros sabemos que el trabajo de Adán fue asignarle un nombre a toda especie viviente, cada pez, cada animal mamífero, cada árbol, cada hierba en el campo.

Cada uno de nosotros tenemos metas que cumplir en esta vida, no importa cuánto tiempo nos tardemos en concluir lo que un día iniciamos, lo que interesa es terminar. No te conviertas en una víctima de tu propio destino, aprende a ser como las águilas y vuela a lo más alto que puedas llegar. Regocíjate en esa libertad que has logrado, y respira un aire limpio desde las alturas de tu éxito. Me refiero al ser libre de deudas, el ser libre de ese lugar donde has estado trabajando por largos años, sin poder tomar unas vacaciones. El éxito es personal para todos aquellos quienes estén dispuestos a enfrentar los fracasos rumbo al éxito. Ese escudo de protección que por un tiempo llevaste frente a ti cuando trabajabas duro para llegar a la cima del éxito.

El escudo personal, es tu carta de identificación, es el mejor método que usamos cuando estamos pasando por el proceso de ser alguien diferente, eso que por largo tiempo estábamos buscando y que logramos tener. El logro viene después del esfuerzo, después del tiempo que pasábamos noche tras noche despiertos, después de media noche sin dormir; por lo tanto, no te conformes con un triunfo limitado.

En el camino al éxito te puedes encontrar con un sinfín de barreras, con un montón de tropiezos como muchos decimos, pero solo aquellos quienes estamos dispuestos a seguir a marchas forzadas, podemos decir que valió la pena seguir adelante con nuestro trabajo.

De acuerdo a lo que planeaste, será lo que recibirás cuando hayas llegado a la meta como empresario, ten en mente que un empresario no nace, un empresario se hace, en el camino al éxito se debe de tomar en cuenta un factor importantísimo que se llama "Educación", esté es el proceso de socializar del ser humano, al educarse se adquieren conocimientos, esto implica hacer conciencia de la forma en que nos comportamos, donde las nuevas generaciones adquieren los modos de ser de generaciones anteriores en base a los ejemplos que vivieron en casa, y esto por ende te abrirá las puertas para llegar hasta el rincón más lejano en busca de conocimientos, más allá de lo desconocido. Esto nos abrirá las puertas en el futuro, con la certeza que tendrás mejores oportunidades de socializar con personas de un mismo nivel intelectual. Dando como resultado el éxito que tanto andas buscando.

El ser humano no tiene conocimiento de todo en la vida, eso no quiere decir que sea un ignorante, simplemente que su entorno es diferente, es importante fomentar la lectura para ser personas cultas y poder enfrentarnos al fantasma que se llama miedo, a veces no aceptamos que alguien más que si tiene conocimiento realice alguna actividad por nosotros, eso es ser inmaduro, es inseguridad en uno mismo, el ser egoísta es algo que nunca he sido en mi vida, es algo que no va con mis principios.

En el proceso al éxito a veces nos bloqueamos pensando de una manera errónea, tú tienes el poder de programar una mente positiva, pero en ocasiones nuestra mente se encuentra bloqueada con pensamientos negativos que nos hace difícil concentrarnos en lo que realmente nos interesa. No estés esperando que alguien venga y te dé instrucciones de cómo hacer las cosas, hay personas que esperan a que alguien más dirija tu vida por ti, ya que más de uno de nosotros así queremos vivir toda la vida esperando que nos expliquen cómo y qué hacer en nuestro diario vivir. Entre pláticas me he encontrado con gente quien dice que la computadora es más lista que nosotros los humanos; pero sólo es una máquina que fue inventada y programada por los seres humanos, sin el hombre, sería imposible que existieran. Dios nos dio una inteligencia privilegiada para tener el poder de crear un sinfín de productos. Algunos de nosotros actuamos como un robot con programación limitada, sólo nos movemos cuando se nos requiere o cuando se nos da una orden, vivimos una vida manipulada por terceras personas, ya que dependemos de un patrón para realizar nuestras actividades, pendientes de un calendario revisando los días feriados para poder descansar. No permitas que alguien más decida por ti.

Queremos tener libertad financiera, pero tenemos miedo al fracaso, el que no se arriesga no sabrá nunca el sabor del éxito personal. Mi recomendación para ti es: No pierdas tiempo pensando negativamente, planifica para el mañana y vive tu presente planeando el futuro, mucha gente no planea por temor a no obtener los resultados que desea, pero recuerda que debes de lanzarte, inténtalo, el hubiera no existe, el futuro es incierto; cree en ti, en lo que desarrollas y veras tus logros.

Podemos tener mil cosas en nuestra mente, pero debes tener prioridades al momento de decidir tu futuro, no lleves una vida a la ligera, porque el futuro te cobrará una factura muy costosa tarde o temprano, el tiempo no regresa atrévete a hacer cambios, porque te lamentarás no haber tomado la mejor decisión en el mejor momento de tu vida, y las consecuencias pueden ser no muy gratas. Todo tiene un precio en la vida, sacrifica algo de ti, para que le dediques tiempo a lo que realmente deseas. Busca el éxito por ti mismo y no esperes que alguien te lo traiga hasta la puerta de tu casa, no esperes que lluevan ganancias en frente de tu hogar sin mover un dedo; el temor al no tener nada comienza a entrar a tu vida cuando llegas a una edad avanzada y comienzas a mirar que no tienes suficientes ahorros en tu cuenta de banco.

No dejes que transcurra tu vida sin tener algún plan para tu retiro, en más de una ocasión he platicado con mi futura esposa referente a los malos tiempos que yo pase para poder ser quien soy. Todos esos trabajos que tuve en el pasado, las veces que yo caminaba para mi trabajo en la lluvia porque no tenía un carro en que ir, pero aun no teniendo modo de transportación nunca deje de trabajar, nadie dijo que la vida sería fácil, no hay un manual donde nos indique los pasos a seguir; prepárate para recorrer los caminos de la vida y créeme que los conocimientos te irán guiando por senderos de éxito.

Para lograr el éxito no es necesario tener un certificado cuando se tiene la experiencia, sólo basta poner atención en ese sueño que llevas planeando desde hace tiempo. En tu interior puede haber pensamientos que te están destruyendo el plan de ser alguien mejor que un simple empleado. Abre tu mente y saca esos pensamientos negativos antes que sea muy tarde, para poder hacer la diferencia en tu propia vida ten en mente que el éxito es personal y nadie te lo puede quitar o impedir al tenerlo.

Cada momento que vivimos puede darnos la felicidad que tanto anhelamos, eso depende de ti, del valor que le des a cada instante de tu vida, a cada momento vivido, disfrútala porque sólo tienes una, y es lo más maravilloso que Dios te dio, no la desaproveches porque el tiempo no regresa, a veces nos lamentamos pensando si hubiera hecho tal cosa, o si hubiera dicho unas palabras de aliento a alguien que las necesitaba y no lo hice. Recuerda el "hubiera" no existe. No dejes para mañana las cosas que quizá en su momento no tenían mucha importancia, porque cuando voltees hacia atrás, será demasiado tarde. El éxito es personal, sólo basta desearlo.

Capítulo 8

La llave del éxito

Toma la mano Dios y él te llevará por senderos inimaginables, sólo él tiene la llave del éxito, no busques en nadie más, y créeme que estarás tomando la mejor decisión de tu vida, al elegir seguir sus pasos, nos llenamos de fortaleza, de fe, de alegría, de su sabiduría, imitemos a Dios, él nunca se equivoca, y sabe cuál es el camino que debemos seguir, sólo "confía" aunque para nosotros es incierto, nadie sabemos los planes de Dios pero te aseguro que no te arrepentirás; de la misma manera como cuando eras un pequeño y caminabas de la mano con tus padres. Ellos te guiaron para que no tropezaras en la vida, te dieron conocimientos con bases muy firmes y sólidos, las cuales te han ayudado a ser mejor persona y por ende, ser exitoso en la vida. Ninguno de nosotros venimos a este mundo con todos los conocimientos, tienes que tropezar para levantarte nuevamente como cuando eras pequeño.

Puede transcurrir el tiempo y tú no te das cuenta cuál es la llave del éxito; las llaves de tu vida han estado contigo todo este tiempo, y tú no te das cuenta de las cosas que más de una vez tuviste frente a ti. A veces caminamos por la calle y nos encontramos a nuestro paso con personas que nos ofrecen folletos que te invitan a una presentación de negocio, tú tomaste ese folleto y lo colocaste en la bolsa trasera de tu pantalón o lo tiraste, sin darle importancia, pasaron semanas o meses y tú todavía vas por la vida en busca del éxito, vas buscando y preguntando al cielo que es lo que tu destino tiene preparado para ti. Hay más de un millón de formas en las que se te pueden presentar las oportunidades, pero pasamos de lado frente a ellas, hay personas que pierden su tiempo en busca de algo nuevo, algo en que pueda cambiar tu vida, tu destino, y muchas veces lo tenemos en nuestras manos.

Dios nos dio el don del pensamiento, para tomar mejores decisiones, y ser la mejor versión de nosotros mismos. La mente es muy poderosa y todo lo que desees lo atraes, es la ley de la atracción. Sin embargo, algunos de nosotros no podemos hacer eso, todo el tiempo queremos que alguien nos ayude a decidir en las cosas más simples, es algo que tú y yo podemos decidir por sí mismos, no pierdas la oportunidad de obtener grandes ganancias en la vida. La siguiente vez que te hablen de alguna oportunidad de negocio tómala y comienza a trabajarla; esto es solamente el comienzo de la grandeza que hay alrededor del mundo, el tener la llave en tus manos y el saber cómo usarla, te abrirá mil puertas que sólo tú puedes hacer, la inteligencia está en el saber cómo hacerlo, no importa el tiempo que te tardes, lo que importa aquí es que la descubras a tiempo. En el camino nos encontramos con límites, nos encontramos con un sinfín de cosas u obstáculos que hacen cambiar nuestros planes, a veces por cambios positivos o tal vez negativos. Una mala decisión cualquiera de nosotros la podemos cometer, nos da temor encontrarnos con barreras tan altas que no tenemos una idea como brincarlas, y eso en más de una ocasión nos ha llevado a desistir de nuestra meta. Escápate de la rutina, pon tu mente a trabajar y piensa muy bien lo que vas a hacer, da pasos firmes sin desfallecer, siempre seguro de ti mismo.

En alguna ocasión te has preguntado qué sería de tu vida si no tuvieras a alguien con quien platicar de tú día de trabajo. En los años que llevo trabajando como empleado en diferentes empresas, con diferentes patrones, he escuchado como la gente se lamenta porque el salario es muy bajo, algunas personas se conforman con tan sólo un día de descanso, y algunas personas se conforman con un fin de semana. En verdad que lástima que nos conformamos con tan poco, acaso no te das cuenta que existe varias formas de tener libertad en tu vida y nunca jamás alguien te estará cuidando en como inviertes tu tiempo libre.

El mundo está lleno de oportunidades, lo que pasa es que no nos damos un tiempo para trabajar en las oportunidades que nos ofrece la vida. Nos hacemos los ciegos, los que no miramos, los que no sabemos. Mírate en el espejo y pregúntate tú mismo si puedes hacer cambios para tener una vida mejor, o pregúntate si es de Dios seguir ahí en ese lugar de empleo trabajando largas horas por un salario muy bajo. ¿A caso alguien tiene tus pies amarrados? Nadie, ¿Quién tiene tus manos amarradas? Nadie, ¿A caso alguien está pisándote para que no te puedas mover? No, sólo tú eres el que decides seguir ahí, o volar.

La ignorancia es algo que nos ha detenido para alcanzar las metas, los sueños que estamos tratando de alcanzar, no podemos ser libres de esas cadenas que nos detienen a seguir adelante. La ignorancia nos tiene presos, nos tiene atados a la pobreza. Si nunca peleamos por nuestra libertad, vamos a continuar en ésta celda de prisión para siempre. Ponte a pensar que será de nuestra familia más delante, a quien culparan nuestros hijos por tener una vida de limitaciones, un niño pequeño siempre recordará todo lo que un día quiso y no le fue posible tener.

Alguna vez te has preguntado que pasa por la mente de tu hijo cuando está por ahí sentado con su mente perdida, por un momento ponte en sus zapatos y piensa en lo que te encantaría tener en ese momento, créeme que un niño no pide mucho, él sólo pide un poco de cariño, comprensión, un poco de atención, un juguete con que divertirse.

A veces me pongo a pensar en cómo fue mi niñez, el modo que mis hermanos y yo fuimos criados. Si hoy le pregunto a mis padres porque tuvimos esa clase de vida, su respuesta sería: Porque no tuvimos estudios, eran muchos hijos, y no se podían tener muchas cosas, la misma respuesta fue la de los abuelos, nosotros estábamos ignorantes y no podíamos comprender muchas cosas de la vida. Si así hubiera sido la vida en años atrás, no hubiera en la historia grandes pensadores, ni gente con el intelecto tan superior, nunca hubiera habido gente con niveles de superioridad. Vivimos en pleno siglo XXI, y aún hay gente que no tiene educación y tienen una vida mejor que nuestros antepasados. Los tiempos son iguales hoy y ayer; yo soy producto de la ignorancia y la pobreza. Ponte a pensar si tú y yo siguiéramos teniendo la misma mentalidad que nuestros padres y abuelos en el pasado, al tomar como escusa el no tener educación, tendríamos una vida de fracasos. Hace algunos años atrás yo encontré la llave del éxito, mi futuro comenzó a cambiar en el año 2008 cuando comencé a pasar tiempo con gente de gran éxito, gente que podía guiarme por un mejor camino; gracias a estos amigos pude cambiar mi pasado de no tener un estudio por algo que no tiene precio.

La llave del éxito es una bendición enviada del cielo, y muchos de nosotros no la sabemos apreciar, todo lo bueno que hagas en la vida tiene su recompensa en el cielo, aprendamos a ser bondadosos ayudando a quienes más lo necesitan, eso te dará una sensación inexplicable de paz al saber que estas alimentando tu alma poniendo tu granito de arena para dar felicidad al prójimo, el dar te hace sentir una satisfacción de bienestar, te enriquece el alma; cuando estés en la cima, aprende a dar sin cesar. No te detengas a dar en grande, recuerda que la recompensa viene del cielo, el ser una persona generosa dice mucho quién eres y de dónde vienes. El tener riquezas en la tierra y poder compartirla te hace diferente, una frase célebre de la madre Teresa de Calcuta, dice: "Da hasta que te duela, hasta que ya no puedas", no seas egoísta al pensar que tú todo lo puedes, porque todos necesitaremos algún día de una mano amiga, alguien que nos ayude a seguir. Sé alguien generoso y notaras la diferencia.

No seas egoísta, comparte los conocimientos que has adquirido en tu camino a la libertad. La libertad de tener un mejor futuro, te hace libre de ser esclavo del reloj. No limites tu sabiduría ya que esto es lo que te mantuvo en pie cuando creías ser derrumbado, todos esos días que pasaste trabajando duro para dar un mejor vivir a tu familia. No te niegues a las oportunidades que el mundo te ofrece, teniendo la facilidad de hacer el cambio en la vida de gente que busca tener un mejor futuro en la palma de sus manos.

Atrévete a dar consejos, a dar conferencias en el mundo de los emprendedores, no es algo fácil, pero todo es posible queriendo hacer cambios para el resto de tu vida. No hay nada mejor en la vida que tener una libertad personal, una libertad que sólo los triunfadores pueden gozar de ello. Un emprendedor no piensa en él solamente, un emprendedor se enfoca en ayudar al mundo entero y no es una persona egoísta. Esta es la forma en que una persona con éxito puede ser triunfadora en el mundo.

Cuando una persona demuestra sus conocimientos, es porque tiene fe en lo que ha logrado, en lo que ha acumulado en el diario vivir, y eso te hace diferente ante los demás que van sobre la misma meta. No humilles a las personas que tienen menos experiencia que tú, no la hagas sentirse mal, eso no te hace una buena persona, date a conocer con sencillez, con humildad, aprende a ser diferente y eso te dará bendiciones en tu vida. La siguiente vez que puedas mirar a tu compañero de negocio dale tu mano y ayúdalo a seguir cuando veas que su camino está declinando. Permite que el mundo mire en ti lo que muchos no pueden mirar; seamos un buen ejemplo para los principiantes, aquellos que apenas están comenzando y necesitan de ti.

Recuerda que todo lo que hacemos en esta vida, en este mundo, en el cielo tendremos la recompensa. Aquí en la tierra podemos vivir en una mansión, pero en el cielo estaremos en el trono junto al creado. Has el bien sin mirar a quien, y sentirás la satisfacción de saber que has hecho lo correcto al apoyar al prójimo cuando más te necesita, la llave del éxito está en tus manos, abre las puertas a quien confía en ti y juntos lograran obtener la llave del éxito.

¡La llave del éxito consiste en: Trabajar en equipo!

Capítulo 9

La meta es una decisión

Constantemente pasamos por dificultades que más de una vez nosotros mismos creamos, tomamos decisiones por nuestra propia voluntad y cometemos errores simplemente porque no supimos como pedir un consejo de alguien quien hubiera podido darnos la mano antes de tropezar. Yo comprendo que cosas como estas le puede pasar hasta a la persona más preparada.

Un fracaso, o una derrota no son algo planeado, hay que buscar soluciones, por ningún motivo te des por vencido, levanta tu frente y sigue adelante con tu vida, tu plan de salir adelante. El tener en abundancia sería de gran ayuda en una ocasión como está, en éste momento es cuando debes buscar a tu mejor amigo o buscar ayuda con una familia.

Hay muchas formas de cómo podemos recuperar lo que se ha perdido, planea algunas estrategias que te servirán de guía para poder continuar, siempre ten en mano números de teléfonos a quien puedes llamar y a alguien en quien puedes confiar. Lamentablemente vivimos en un mundo donde a veces no tenemos en quien confiar, a veces sentimos no poder continuar, el enemigo puede estar muy cerca de ti, no importa las barreras con las que te encuentres, siempre habrá una mano amiga en quien confiar, no temas al seguir tu sueño, siempre habrá una luz al final del camino.

Cuando somos jóvenes caminamos en grupo para llamar la atención del mundo, pero con el paso del tiempo todo cambia, los amigos se van, las metas cambian, cada quien busca su propio sueño, todo se va quedando atrás, sólo te sigue tu sombra.

A través de los años aprendemos a caminar solos por la vida, nos sentimos seguros de quienes somos y hacia dónde vamos, somos libres de ir por la vida en busca de crecimiento personal, creemos que ya no tenemos enemigos; ese enemigo tiene dos cara, se disfraza de riqueza o de pobreza, cuando se desconoce el proceso de cómo llegar a la cima, puedes creer que estas en lo correcto pretendiendo ser una persona de humo; cuando esto pasa, la gente comienza a categorizar a esta persona tal como es, una persona que pretende ser de un nivel diferente al que en realidad es; sólo se está destruyendo ya que llegará el momento en que alguien lo podrá identificar en el tiempo menos esperado. En mis años de juventud trabajaba más de lo requerido, y todo el tiempo traía dinero en el bolsillo, algo que no todos mis amigos traían, lo que ellos no comprendían es que yo nunca fui un joven que malgastara el dinero, y nunca tuve problemas con la ley.

En algunas ocasiones los amigos de mis hermanos le preguntaban porque yo era rico, porque yo manejaba un carro nuevo cada año, todo el tiempo fui una persona sencilla, nunca demostré ser quien no era, yo era simplemente un trabajador del campo, trabajaba en el rancho de sol a sol, trabajaba largas horas sin descansar, por eso vivía mejor que otras personas a mí alrededor.

Yo era dueño de mis propias decisiones, algo que aprendí a muy temprana edad; lo que estoy tratando de decir es que no te hagas pasar por alguien que no eres, algo que nunca en mi vida hice, y nunca lo haré, porque eso sólo me llevará a la destrucción. Nada ganamos con tratar ser alguien que no somos, alguien que no existe, desafortunadamente hay muchos quienes se hacen pasar por personas de buen vivir, cuando solamente están cubriendo su rostro con una máscara de falsedad.

Las máscaras existen alrededor del mundo cuando se trata de actuar mejor que alguien, de igual manera hay personas quienes se dejan llevar por lo que la gente dice, lo que la gente opina de la vida que hoy en día vivimos. El disfraz de la pobreza existe en aquellos que sólo se dedican a vivir de limosnas, esto lo hacen porque no pueden aceptar los reglamentos en un lugar de empleo, estas personas se disfrazan de esta manera para llamar la atención de la gente.

Más de una vez yo he mirado personas en las esquinas de la calle pidiendo limosna, estas personas saben muy bien cómo hacer su trabajo de limosnero para no tener que trabajar con alguien, esta clase de gente sabe muy bien como jugar con el sistema y con las leyes. Cuando pasamos tiempo manipulando el sistema haciendo cosas que no son correctas, eres señalado por la sociedad, al hacer estas cosas, ¿Dónde quedo tu orgullo? ¿Dónde quedo esa persona que un día fuiste? Por circunstancias de la vida algunos de nosotros buscamos una salida a nuestros problemas, sin pensar creemos tomar la mejor salida y nos hacemos pasar por víctimas de la vida, tomaste una decisión que te costará mucho tiempo para salir de ahí, un error que pudiste evitar, pero no lo hiciste por temor a decir lo que te estaba pasando, no tuviste el valor de enfrentar tus problemas y buscaste la salida más fácil.

En más de una ocasión hemos causado tormentas en nuestra propia vida, y no sabemos cómo encontrar una solución, a veces no es tan grande como pensamos, nos bloqueamos por la desesperación de querer salir de ahí, nos encerramos en la obscuridad para no mirar lo que hicimos y así tener la oportunidad de culpar a la vida, aun sabiendo que el problema lo causaste tú mismo buscando atención de la gente que te rodea, no tomando en cuenta que tus amigos y familiares pudieran ayudar en cómo solucionar lo acontecido, recuerda que una mala decisión todos la podemos tomar, pero no te quedes así, trata de solucionarlo, porque no te dejará avanzar a tu objetivo.

Queremos resolver el mundo entero sin tener una idea de cómo resolver nuestra propia vida, los problemas que tenemos en nuestras manos. Hace tiempo te creías ser una persona rica, y te creías ser víctima de la pobreza, cuando fuiste tú quien te hiciste daño al hacerte pasar por alguien que nunca existió en el mundo. Esta es la razón que te digo que el enemigo se disfraza de diferentes modos, la crítica, el miedo, y las malas compañías con amigos, son producto del enemigo llamado miedo, todas estas cosas juntas son lo que forman el miedo, y el temor que alguien sembró en tu mente cuando comenzaste a poner atención a lo que escuchabas de tus amistades.

Esto pasa cuando tomas la decisión en congregarte con personas que se pasan el tiempo hablando cosas negativas, si yo en alguna ocasión hubiera puesto atención a lo que algunos amigos me decían cuando se enteraron que estaba buscando mi futuro, yo nunca hubiera llegado hasta donde estoy, porque sólo escuchaba cosas negativas, y no iba a permitir que truncaran mi sueño.

En el capítulo dos les hablo del éxito detrás del miedo, todo es sentido común cuando se trata de tomar nuestras propias decisiones, para tener lo que deseamos, es importante tener bien presente tu meta, para poder transformar el futuro. Un maestro no nace, un maestro se hace, y esto es lo que les estoy tratando de explicar; el cómo ser personas independientes, personas que se llenen de valor y dejen ir ese miedo para no tropezar en la vida.

A veces es difícil reconocer cuando hay peligro a nuestro alrededor, y se nos dificulta identificar una señal de alerta, nos invade el temor de enfrentarnos a lo desconocido. Siempre detrás del miedo está el éxito, no temas a lo desconocido, a lo incierto, siempre es bueno intentarlo que decir lo hubiera intentado, recuérdalo siempre: "El hubiera no existe" lucha constantemente por lo que desees, por lo que te hace feliz, por un mejor futuro. Luchar es de valientes, nadie dijo que la vida sería fácil, todo cambio es bueno por muy pequeño que este sea, será el parte aguas de una mejor vida, y sólo tú tienes el poder de decidir si sigues las huellas de tu líder o te quedas estancado en el pasado.

A veces es difícil comprender como la vida nos va guiando por senderos desconocidos, hay más de una razón del por qué fracasamos en la vida, y el no saber cómo mantener una comunicación con la gente es una de las razones para no poder seguir adelante, no permitas que la vida te sorprenda, porque te puede cobrar una factura muy cara. La gente se transforma cuando llegan a tener éxito, no podemos generalizar, pero si nos encontramos con personas que se olvidan de quien una vez les dio la mano cuando todavía no eran nadie, se olvidan quienes eran antes de ser personas exitosas. Es triste ver cómo se transforman y se olvidan de sus raíces; lo malo es que muchas veces sino sabemos mantenernos en la cima, es difícil aceptar cuando la vida va en declive.

Recordemos que Dios nos da bendiciones y él también nos las puede quitar, y después andaremos por la vida lamentándonos por lo sucedido. Yo todo el tiempo digo que si Dios nos bendice con algo tratemos de compartir con el mundo, con algún familiar que esté pasando por problemas. Cosas como estas es lo que pasa cuando te jactas de ser quien no eres en la vida. Esta es la razón que te digo que el enemigo se puede disfrazar de pobreza o de riqueza, todo esto depende de ti, de cómo salir del problema donde caíste por creerte más que tu prójimo.

Capítulo 10

La meta no tiene vigencia

Buscamos refugio donde no existe cavidad alguna, queremos sacar agua de una piedra cuando sabemos que no tiene. Esto es lo que pasa cuando perdemos lo que en un tiempo teníamos, nos enfocamos buscando lo perdido cuando sólo es cuestión de tener paciencia y trabajar muy duro para llegar nuevamente donde estuvimos tiempo atrás, pensamos mucho en las cosas materiales y nos olvidamos en nuestra salud, ponte a pensar si un día te enfermas por no tomar el tiempo de pensar un poco en ti.

Estamos enseñando al mundo a cómo ser personas de éxito, pero no les estamos dando clases en cómo mantener su salud; podemos tener todo en nuestra vida, pero si no cuidamos nuestra salud nunca podremos disfrutar de nuestras riquezas. Algo que muchos artistas y actores no hacen, tienen fortuna, pero no viven muchos años para disfrutar sus ganancias con sus familias, dónde queda todo ese trabajo que ellos hicieron por largo tiempo. Un día también nosotros estaremos en la cima primero Dios, pero si no hay un control en cómo vivir nuestra vida terminaremos enfermos y sin poder lograr nuestros sueños, todas esas metas que teníamos un día se esfumaran por descuidar lo más importante, lo más valioso que es nuestra salud,

Cuando camines entre la gente trata de caminar con la frente en alto, transmite el poder que llevas por dentro. Nunca le des a saber al mundo tu debilidad, al contrario, expresa tu felicidad, todo lo que llevas dentro, recuerda que a través de los años ya lograste ser alguien diferente en la vida.

Deja de buscar felicidad donde no existe y enfócate en hacer lo que tu destino tiene para ti. Date a la tarea de educar gente con metas y sueños, dale a saber al mundo que tú puedes hacerlo y lo harás de todo corazón. Cuando mires a alguien caminar por la calle ofrécele tu ayuda, habla de quien eres, de dónde vienes, y como lograste llegar a tu meta. El aprender a comunicarte con el mundo es muy importante ya que de esta manera estás haciendo tu vida más placentera, una señal se transmite por medio de la comunicación entre el público y tú.

Todos tenemos diferentes formas de mandar señales a la gente, ya sea por nuestra forma de caminar, el modo de hablar, o el modo en que nos movemos, lo interesante es lo que expresamos para atraer al mundo, siempre trata de ser lo más claro posible, para que las personas te puedan comprender, trata de no distraerte con una persona que se ha levantado de su asiento; esto es como si un predicador se distrae por un niño que se puso a llorar durante la predicación. Todos sabemos muy bien que el trabajo de un conferencista no es algo fácil, pero está en su mente llegar a la meta porque están ayudando a la gente a como ser alguien diferente, alguien quien un día puede llegar a tener éxito en la vida.

Yo creo que en la vida todos tenemos derecho de ser felices, cada quien de diferente manera, no todos tenemos los mismos sentimientos, nadie pensamos de la misma forma, pero sé que todos queremos lo mismo y eso es tener una mejor visión de las cosas. Encontramos respuestas entre pláticas con la gente, respuestas que nos ayudan a sentir alivio y paz con las frustraciones durante la búsqueda de rehacer nuestras vidas.

Abre tu mente y deja fluir tus pensamientos para que puedas multiplicar tu sabiduría, esa sabiduría que te hace reflexionar cuando te miras tirado en suelo por no obtener lo que tú quieres;

déjate llevar por lo que sientes y obtendrás mejores resultados al verte reflejado en tus metas.

Lo que sí es válido es aceptar quien eres y que planes tienes para tu futuro, aún hay tiempo de rehacer tu vida y la vida de tu familia. Ya deja de vivir escondido en tu concha tal como lo hacen las tortugas al esconderse y pensar que nada les pasará adentro de su caparazón. Esto que yo les digo es muy simple de entender, si yo hubiera hecho caso a la gente que me rodeaba años atrás cuando yo trataba de esconder mi persona del mundo, quien yo era en ese tiempo tal como lo hacen muchos de ustedes, si estamos pensando que la pobreza no se mira que equivocados estamos al dejarnos llevar por esa falsedad, hay mucha gente en el mundo quien se avergüenza por no tener lo suficiente para vivir, estas personas esconden la cara al mundo esperando que nadie los mire y sean criticados por su forma de vivir. Esto es tan real que entre los pobres no hay diferencia en como visten, cómo viven, o como hablan, su forma de comunicarse es muy diferente a una persona con educación; y pensar que yo fui una de esas personas que se encerraba en su propio mundo y no quería saber nada de nadie, no quería aceptar la realidad, en que existía algo mejor en el mundo que lo que estaba viviendo.

Cuando yo me di cuenta que estaba viviendo una vida que me estaba llevando a la perdición, y estaba viviendo mi vida en la derrota, me di cuenta que estaba malgastando mi tiempo por no aceptar lo que estaba pasando frente a mí. Las oportunidades llegan a tu vida aun sin buscarlas; busca la manera en cómo salir de ese sitio donde llevas muchos años atado a ese modo de vivir, esos pensamientos negativos que te han detenido para asomar tu mirada a un mundo diferente.

Si yo fuera una tortuga ya me hubiera muerto ahí adentro de ese caparazón sin salida, sólo por no aceptar la realidad, una realidad que no aceptamos como humanos, al no tomar la rienda y comenzar asiendo cambios por nuestro propio bien. Salte de esa concha y deja que tu mente comience a trabajar y un día podrás volar muy alto. Aprende a volar como las águilas y no temas llegar a las alturas.

Tú tienes el poder de llegar hasta la cima de la montaña más alta y construir tu destino en lo más alto del mundo. Permite que tu pensamiento haga de ti una persona de valor, una persona con una mente abierta llena de pensamientos positivos. Si tú quieres vivir en plenitud con todo en abundancia puedes hacerlo, es tu decisión, tal como es tu decisión vivir bajo la pobreza el resto de tu vida nomas porque así te educaron tus padres. A ellos los criaron de esta manera y es algo que llevan en su pensamiento porque sus padres fueron criados igual.

Deja te digo algo no porque fui nacido y criado en la pobreza eso quiere decir que viviré por el resto de mi vida así pobre. Algunas gente saben quién soy y de dónde vengo; en mi libro anterior quienes se han tomado un tiempo para leerlo, se dieron cuenta quien soy y han descubierto mi pasado del cual no me avergüenzo.

Con la mirada expresamos nuestro sentimientos, nuestro interior, los ojos son el espejo del alma, así transmitimos nuestro estado de ánimo cada mañana, los sentimientos pueden ser muy variantes de acuerdo a cada experiencia vivida. Podemos estar pasando por momentos felices y en cuestión de horas podremos estar tristes por alguna noticia recibida inesperadamente, se cauteloso para tomar decisiones, sólo tú tienes el control de hacer de tu día gris un arcoíris. Cuando tomamos una decisión por más pequeña que esta sea, cerciórate de estar tomando la mejor decisión para obtener los mejores resultados.

El proyecto que le has invertido trabajo y tiempo de desvelo, lo has hecho posible gracias a la buena decisión que tomaste un día de seguir adelante con tu meta. Todo ese esfuerzo es lo que te ha hecho fuerte para hacerlo una realidad. Algunos de nosotros nos esclavizamos por tener en nuestras manos y en nuestra vida algo valido y que mejor que tu propio sueño.

Capítulo 11

Una mente positiva

La mentalidad de un sabio se distingue por medio de su atracción personal cuando hace un comentario en público o simplemente en su forma de vestir. Se puede distinguir en su forma de expresarse hacia los demás, ya que cuenta con un vocabulario muy vasto en conocimientos. Años atrás se decía que la postura de una persona de negocio da mucho que decir de acuerdo a su presentación personal, y la forma de caminar. El hombre sabio nunca critica al mundo, el nada más observa a su alrededor, aprende, y calla. Yo pienso que el criticar a la gente es una debilidad mental que algunos no podemos controlar ya que pasamos mucho tiempo sin hacer nada y eso nos deja la mente abierta para pensar en cosas que no son de gran beneficio.

La enseñanza de un maestro con el alumno es una gran conexión cuando el maestro enseña con pasión y el alumno tiene hambre de aprender, ambos tienen una meta, el alumno sabe el futuro brillante que les espera al adquirir los conocimientos con la vasta experiencia de su maestro, la satisfacción más grande de un maestro es ver reflejado sus conocimientos en el alumno al momento de aplicarlos en el campo laboral. Pueden comprender y mirar la pasión por su trabajo cuando hay disponibilidad o un sacrificio de parte de los estudiantes quienes estén dispuestos a adquirir conocimientos de un líder, tomando como base que un maestro fue educado por otro maestro en años anteriores. Analiza un momento que sería de nosotros si dejáramos de estudiar, ¿Cómo sería el mundo sin aprendizaje? Vivimos en un mundo en el cual sin educación es muy difícil destacar, hay que fomentar las convivencias sanas con mentes llenas de conocimientos positivos. Debemos de ver la educación como una forma de motivación para crear un mejor futuro.

Cuando comencé mi vida en los negocios, tenía los mejores líderes del mundo, ellos se aseguraban que todo su grupo estuviera presente en cada presentación y entrenamiento de negocio, ellos tenían un método que utilizaban para atraer más seguidores, clientes, y líderes en su organización. La meta de estos líderes era enseñar a cada uno de nosotros a pensar en grande, para ser líderes en el futuro.

Un gran líder no se enfoca en él mismo, un líder se enfoca en todos los miembros de su grupo. Cuando yo estaba aprendiendo a ser una persona de negocio, yo nunca falté a un entrenamiento, aun con las inclemencias del tiempo siempre estuve presente, el tiempo no fue un impedimento para querer aprender cada día más, porque sabía que ahí estaba mi futuro; la lluvia, la nieve o el hielo no me detuvieron para seguir con mi meta.

En varias ocasiones, en tiempos de tempestades fuertes, cuando teníamos entrenamiento yo era la única persona que hacía acto de presente aparte de mis líderes en la presentación de negocio. Un día mi líder me comento que se sentía orgulloso de tener un integrante que no lo detenía cualquier tempestad para atender a la cita del día. Ese día quedará por siempre en mi memoria; el señor Rick Buffkin en agradecimiento a que nunca faltaba a los entrenamientos, me regalo un diamante. Para mí es un orgullo decir que tuve el mejor líder del mundo, gracias a él, soy una persona diferente, una persona que sueña en grande con metas firmes.

Cuando un líder está decidido a dedicar su tiempo para hacer cambios en la vida de alguien más es una bendición del cielo, porque sabes que tienes a una persona que te apoyará y te guiará para llegar con más seguridad a la meta. Algo que aprendí hace muchos años, es a imitar a esos líderes que se esmeran por dar lo mejor de sí, para que otros también tengan la oportunidad de ser como ellos, a ser servicial en todo momento y en todo lugar. No te pierdas en el tiempo, no dejes pasar lo más valioso que tienes porque no regresara jamás, Yo te aseguro que el ser servicial, amable, atento, respetuoso, te abre la mente en muchos momentos de tu vida, eso te hace tener una mejor visión frente a la gente. El ser innovador de almas te da la oportunidad de ver como se transforma la vida de las personas que desean cambiar, es una satisfacción el ver como cada vez son más las personas que desean salir adelante, y toman la decisión de dejar su trabajo rompiendo los paradigmas de la rutina dejando de ser un empleado para convertirse en personas de éxito. El tener control personal te da la oportunidad de abrir las mentes, esas mentes en algún momento de su vida estuvieron activas, pero se cerraron cuando alguien les dijo que no podían aspirar a un mejor puesto en su trabajo. Supongamos que tuvimos un tropiezo con alguien de pensamiento negativo, ¿Qué se puede hacer con esta descarga negativa? Es importante planear en cómo cambiarle el chip para volver a tener un pensamiento positivo, hay que trabajar mucho con esas personas, ya que son muy vulnerables a los cambios cuando se encuentran en un estado de negatividad, llénate de valor para rechazar toda esa negatividad que puede llegar a obstruir tu sueño; nadie en este mundo tiene derecho a decirte que no puedes, todos somos dueños de nuestras propias decisiones. Cuantas veces estuviste en quiebra y la gente a tu alrededor no fue para decir en que te puedo ayudar, o apoyarte económicamente.

Cada uno de nosotros fuimos diseñados para ser alguien en esta vida, ¿Qué es lo que quieres? ¿Hacia dónde vas? Si alguien no te busca para un negocio es tal vez porque no te has dado a conocer con el mundo. Cuando camines por la calle donde vives aprende a dar un saludo a tu vecino, queremos una oportunidad, pero no nos lanzamos a dar el primer paso. La vida es una pirámide, tenemos que empezar desde abajo para llegar a la cima.

No te dejes llevar por algo fácil, porque en el mundo de los negocios no lo es, todo tiene un alto precio para llegar a ser el presidente de una corporación. Una preparación de seguidores las hay a la vuelta de la esquina, pero si tú no tomas esa ruta, nunca podrás llegar a esa meta ni cumplir tus sueños. No te detengas a escuchar consejos negativos, sigue adelante, y no te detengas, mira las oportunidades que puedes tener para los años venideros, llega hasta ese lugar donde te esperan cosas maravillosas que te prepararan para un mejor futuro.

Yo fui una persona que nació en la pobreza, pero eso no me detuvo a pensar en mi futuro, siempre me preparé día con día, mi mente no descansaba pensando cómo ser diferente a los demás; me propuse seguir los pasos de un líder, Dios nos diseñó para ser personas de éxito, triunfadoras. Aprende a vivir en libertad y busca ser imitado, que la gente quiera ser como tú. Nuestros sueños son los mismos, todos vamos por la vida con un mismo fin, tú y yo sabemos muy bien cuál es el camino que debemos seguir, ¡No te distraigas!

Si yo me hubiera dejado llevar por los comentarios negativos que me decía la gente y por lo que mi familia me decía, nunca hubiera llegado hasta donde me encuentro hoy.

Gracias a Dios por no permitir que yo me sintiera menos que una persona con educación, una persona con un certificado que yo no pude obtener. Quien critica es porque se siente inseguro de sí mismo, quien prospera es porque sabe muy bien lo que está haciendo al dar pasos firmes. Podemos permanecer en una posición sin mover un dedo, y al pasar el tiempo nos sentiremos incapacitados por nunca tratar de cambiar de lugar, con esa mentalidad no podrás avanzar en la vida, te quedaras en ese trabajo porque esa es tu zona de confort donde te sientes seguro.

Así viví muchos años de mi vida, solamente brincando de trabajo en trabajo, en busca de mejores oportunidades, de ninguna manera estoy diciendo que perdí mi tiempo, si eso hubiera sido nunca hubiera tenido donde vivir. Todos necesitamos un empleo para sobrevivir y poder mantener a nuestra familia. La próxima vez que salgas a buscar un empleo, busca algo más que eso, piensa en grande y abre tu mente para tener en abundancia como está escrito en los cielos, recuerda que Dios dice: Pide y se te dará en abundancia, el que no habla Dios no lo escucha, recuerda siempre estas palabras y obtendrás lo que desees.

Imagínate que pasaría si hoy fuera el último día de tu vida, quisieras hacer todo lo posible por obtener mil cosas, pero es imposible verdad, bueno imagínate tu vida así, pero todos los días, para que te motives a ser siempre mejor pensando que hoy es tu último día, vive al máximo como si fuera el último. Piensa que sólo tienes un día de vida y harás todo lo posible por tener una vida mejor y saldrás en busca de tu oportunidad en como triunfar el día de mañana. Piensa en grande y mantén tu mente en modo positivo y nunca permitas que te cambien de pensamiento ya que tu familia depende de ti.

El fracaso viene del pasado cuando comienzas a pensar en los motivos que un día te detuvieron a seguir adelante, cuando lo tuviste todo y lo perdiste. Olvida y deja el pasado atrás ya nada de eso te debe importar. El pasado ya no regresa no te tortures de esa manera y tortures a tus hijos por tus fracasos. En la vida nos encontraremos con barreras que trataran de detenernos, pero con la frente en alto podremos seguir adelante y ser de ejemplo para el mundo entero. Ten cuidado de no tropezar con tu sombra, ya que esa misma sombra será tu guía a donde vallas.

Esto es la luz de tu camino si pones atención no caerás en la obscuridad, aun sabiendo que el camino es incierto.

En la vida debemos andar con pasos firmes, ten bien presente tu meta, y has todo lo posible por llegar, hay una frase de Don Quijote De La Mancha que dice: "Si los perros ladran, es porque vamos avanzando", no te detengas a tirarle piedras en el camino a todos los perros que te salgan a tu paso, porque perderás tiempo, sigue adelante sin mirar atrás, y lucha por esa ideal que te mantiene vivo, cuando algo se atraviese por tu mente, siempre busca como lograrlo, no te quedes pensando, busca como lo puedes llevar a cabo, el mundo es de los valientes que se atrevieron a ser diferentes como yo, ten una mente positiva y lo lograras.

Capítulo 12

Piensa en grande

Alguna vez te has preguntado, ¿Cuál es el camino que debes seguir? Miremos a nuestro alrededor y tomemos notas en lo que hacemos a diario, analiza que estamos haciendo con nuestro destino, pon atención en esto que te digo, estamos abusando del tiempo libre en lugar de aprovecharlo y obtener un beneficio. Te puedo asegurar que si hacemos cambios tendremos ganancias, si te decides a cambiar tu rutina de unas horas mirando televisión, por algo que te beneficiará.

Queremos tener en abundancia, pero no buscamos como obtenerla, queremos tener cosas sin costo alguno. Las cosas no suceden por arte de magia, no son como piensas, las cosas funcionan como tú las trabajas. Pedimos libertad a Dios pero que se nos dé en la mano. Ni las leyes de la tierra, ni las leyes del cielo trabajan de este modo. Buscamos ser guerrilleros, pero no queremos estar presente en los campos de batalla. Piensas en grande, pero no ponemos nada de nuestra parte por lograrlo. Que te cruza por la mente cuando miras un millonario caminar por la calle lleno de alegría y de razón por tener lo que él tiene. Yo te aseguro que una persona millonaria trabajo día y noche para llagar a hasta donde está, queremos perseverar sin tener que trabajar más, sin dar ese plus que se necesita para ser mejores.

Yo te puedo guiar por el camino del triunfo, pero depende de ti si quieres ser un triunfador. Mi prometida es una mujer con estudios, está preparada para enfrentarse al mundo, con títulos profesionales, y sin mencionar sus diplomas, ella es una persona sencilla, es la mujer más educada que yo he conocido en mi vida. Ella me ama tal y como soy, un hombre que no tiene un diploma, un hombre que no tiene un certificado, y aun así me dice a diario que está orgullosa de haberme conocido.

Ella se enamoró de mi corazón; ella y yo tenemos las mismas metas, los mismos sueños, aun siendo dos personas diferentes, me ha hecho sentir que yo sin tener un título somos iguales. Cuando alguien conoce quién eres y de dónde vienes eso les da mucho en que pensar. Yo estoy orgulloso de mi prometida, porque todo lo que ella tiene en sus manos le costó trabajo y horas de sacrificio y esfuerzo, y tal vez noches sin dormir. Algunos tienen todo el estudio del mundo, pero no saben cómo usarlo, algunos de nosotros no tenemos estudio y podemos hacer muchas cosas como una persona que lo tiene; en una ocasión yo le pedí a Dios sabiduría y entendimiento para ser una persona diferente, y Dios me dio las herramientas para lograrlo. Puedes tener una mente brillante, pero si no sabes cómo usarla no te servirá de nada. Quieres pensar en grande pero tu orgullo no te lo permite por sentirte superior a los demás. Mi prometida tiene una mente brillante y piensa en grande, no se limita porque sabe muy bien lo que quiere para su futuro, juntos hemos creado planes de vida y buscamos como llegar a ellos, con mucho sacrificio y pensando positivamente lo lograremos, primero Dios. Cuando dos mentes se junta a compartir conocimiento se pueden lograr muchas cosas buenas, porque se mezclan los conocimientos para obtener un resultado, surgen proyectos positivos, porque se está trabajando con un mismo objetivo, una misma meta, y con una misma finalidad. Busca la forma de trabajar en equipo y llegarás más pronto a la meta

Buscamos cambios en la vida, así como hay cuatro estaciones en el año, cada estación tiene su tiempo, no podemos hacer cambios en nuestra vida en el momento que nosotros lo deseemos, todo tiene su tiempo de cambio, yo te pregunto a ti, ¿Qué estás haciendo con tu vida? Aprendamos a vivir libres sin tener que preocuparnos por lo que ya paso. Dios creo el mundo para que seamos fértiles y dar fruto entre nosotros; perdemos tiempo pensando en que el vecino tiene cosas que tú quieres tener, pero tú no haces nada para tener algo similar. Perdemos el tiempo quejándonos del mal clima, perdemos tiempo en lamentarnos porque no hay sal o azúcar en la mesa. Hay un porcentaje muy alto de gente que malgasta su tiempo en pensar y planear a quien estará molestando cada día al despertar. Si te molesta mirar a tu vecino con un coche nuevo, deja de perder tiempo en criticar al mundo y ponte a trabajar unas horas extras por día y así podrás tener lo que tanto anhelas. Si estas malgastando tu tiempo en cosas que en verdad no tienen valor, ya estas tirando tu vida a un vacío donde no hay regreso. Debemos apreciar el tiempo, lo que tenemos en nuestras manos cada día que despertamos, realiza cosas de beneficio, que valgan la pena, piensa en todo el tiempo que has malgastado en tu vida en busca de algo que no has perdido.

Te duele el tener que despertar a la misma hora todos los días, y tu cuerpo está tan impuesto a tu horario que el sábado y domingo despiertas a la misma hora, por que ya está acostumbrado a tu rutina; es tu reloj biológico el que te despierta cada mañana a la misma hora. Cuando yo estaba trabajando en mi primer libro, a veces no me podía conectar al internet, pero yo no perdía tiempo, y buscaba soluciones, me iba a un hospital o a una tienda cercana para tener conexión en mi computadora. Yo no perdía el tiempo pensando en las barreras que se me presentaban; siempre buscaba una solución para cada problema, y poder seguir adelante, sólo analiza las opciones que se te pueden presentar y hazlo. Mi mente ya estaba programada en un proyecto y yo lo iba a terminar. En otra ocasión ya tenía mi libro por terminar y entro un virus a la computadora y perdí mayor parte de lo que ya tenía escrito, más eso no me detuvo para alcanzar lo que tanto estaba anhelando.

Yo nunca permití que eso me cambiara de pensamiento, tenía que seguir adelante con mi sueño de ser un gran autor, y ser reconocido por todo el mundo. Mi pensamiento en ese momento era muy grande y jamás me deje llevar por lo que estaba sucediendo en mi vida.

Si tu sueño es más grande que tus pensamientos, ponte de pie y sigue adelante, sé en la batalla un guerrillero lleno de valor, sólo así podrás vencer todos los obstáculos que hay frente a ti. No importa cuántas veces fracases, lo que importa es que te levantes y sigas adelante con la frente muy en alto, ignorar las críticas de la gente, una crítica puede derrumbar lo que tienes acumulado, ten cuidado quien es tu amigo el que camina a tu lado, la tranquilidad está en tu interior, cuando pasas unas horas leyendo un libro, cuando te acuestas debajo de un árbol y te pones a contemplar lo bonito que es la vida, o cuando disfrutas del aroma del campo, de la naturaleza, pensando en la creación del mundo. Deja de perder tiempo en mirar televisión y de escuchar la música de estos tiempos que sólo destruyen tu mente, esta música tiene vocabularios muy elevados, es algo que ha estado destruyendo la juventud de hoy en día; tú eres el futuro del país, no te destruyas de esta manera.

Tu y yo podemos pensar y planear en grande porque somos adultos, y que pasa si no estamos guiando a nuestros hijos a un mejor futuro, las cosas materiales que les estamos dando nunca les podrá ayudar a tener un pensamiento positivo, porque ya les estamos destruyendo sus vidas con cosas que no son productivas. La vida no es un juguete con que te diviertes y luego lo tiras a un lado. La atracción al dinero y a las riquezas existe en tu mente, quieres perseverar, pero no haces lo suficiente para llegar a tu visión.

La visión al éxito puede ser como un fantasma que miras y luego desaparece. No mires tus planes y tus visiones como un juego ya que de ahí puede surgir un gran emprendedor, un gran líder que tendrá poder para guiar a una multitud de personas en una presentación de conferencias. Nadie de nosotros nacemos con los conocimientos, como ya lo había comentado en un capitulo anterior, un líder no nace, un líder se hace al pasar el tiempo. ¿Qué tan grande es tu fe? Cree en ti, la fe mueve montañas, esto es parte de la formación de un líder que está siguiendo todas sus metas en el camino al triunfo.

Cuando estamos en el proceso de la transformación rumbo al éxito, podemos sentir las bendiciones cada vez que se acercan personas preguntando que se necesita para tener ganancias en un negocio pequeño. Yo no me creo un sabio en el negocio, pero sí sé que un negocio por más pequeño que éste sea, no se debe tratarlo como algo de entretenimiento.

Si buscas algo de entretenimiento no te comprometas a tener un negocio, ya que requiere dedicarle tiempo y sacrificios para lograr la meta. No pierdas el tiempo porque cada minuto es oro en los negocios, sabemos que hay tiempo para todo en la vida, pero recuerda el tiempo no regresa. Podemos pasar tiempo pensado en la espera de un sueño, pero si no haces nada por lograrlo, ese sueño nunca se cumplirá. Deja de malgastar tu tiempo y hecha a volar tu imaginación en algo de beneficio para ti y para tu familia. Tú tienes en tus manos todas las posibilidades de hacer "Fortuna". Es tiempo de salir de tu zona de confort y hacer cambios.

Aprende a buscar los secretos que te llevaran al éxito, y piensa en grande, el éxito no se mide por el tamaño del cerebro, sino por la cantidad de pensamientos que tengas acumulados. Sólo así lograras todo lo que te propongas en la vida, sólo ten presente que al aplicarlos traen consigo una serie de cambios a los cuales debes de estar preparado, los cambios siempre traen consigo sacrificios, pero puedes tener la seguridad que obtendrás los mejores beneficios, es cuestión de tener bien claro que es lo que quieres y hacia dónde quieres llegar.

El tener pensamientos positivos te llevan a pensar en palabras mayores, esto es que puedes lograr todo lo que te propongas porque tu mente trabaja a una velocidad impresionante tratando de descifrar todo lo que anhelas en la vida, que es ser una persona de éxito.

Si al pensar en grande obtenemos muchas cosas buenas, me pregunto ¿Por qué no todas las personas pensamos de la misma manera? Sabemos que cada cabeza es un mar de pensamientos, pero lamentablemente no todos tenemos la misma ideología de lo que hay detrás del éxito, a veces creemos que no a todos nos dará los mismos resultados, pero debes poner en práctica todo lo que traes dando vueltas en tu cabecita, el problema es que le hacemos más caso a lo que nos dice la gente, que lo que realmente queremos ser; recuerda siempre estas palabras, lánzate a ser exitoso, nadie hará nada por ti, saca todo eso que traes dentro de ti, y veras la diferencia, nunca dudes de lo que eres capaz de hacer, recuérdalo siempre "Piensa en grande".

Capítulo 13

Barreras en el camino a la cima

Viajamos por lugares desconocidos, vivimos en un mundo donde todo es incierto, vivimos engañando a los que nos rodean, tratamos de cubrir nuestro rostro con una sonrisa falsa queriendo demostrar que todo está bien. ¿Por qué nos engañamos a nosotros mismos? ¿Qué estamos tratando de ocultar cuando caminamos por la calle? ¿A caso estas pasando por problemas, y no quieres que nadie se entere de lo sucedido?

Deja de engañarte y engañar al mundo que te rodea, sino le cuentas a alguien de confianza lo que te está destruyendo, nadie te podrá ayudar; estás perdiendo amistades con tu actitud, te estas alejando de los que en verdad te quieren por tu actitud. A veces buscamos respuestas sin preguntar, por orgullo se pueden perder muchas cosas en la vida, queremos escalar hasta lo más alto de la montaña sin tener ayuda alguna, es erróneo pensar que no necesitas de nadie, a veces se necesita de una mano amiga quien nos guie, nos oriente, o simplemente que camine a nuestro lado. No pienses que tú todo lo puedes, siempre vamos a necesitar de alguien más. De que nos sirve tener sabiduría si el orgullo nos detiene, el hombre sabio puede llegar hasta lo más alto de la montaña, y observar cómo la gente se pierde por falta de conocimientos.

A veces le damos más importancia a las cosas pequeñas que a las que tienen realmente valor, dale seguimiento a los entrenamientos porque de ahí obtendrás la guía para alcanzar el éxito que tanto anhelas. Aprende a trabajar en equipo y todo será más fácil, se compaginan ideas, se obtienen mejores resultados, existen lluvias de ideas de ambas partes involucradas, se toman mejores decisiones, y lo mejor que se obtienen resultados antes del plazo establecido. Todos de alguna forma u otra buscamos como obtener riquezas, has cambios en tu vida, y deja que fluyan tus conocimientos en busca de lo que deseas. Un triunfador es una persona que se levanta temprano todos los días, pensando positivamente en cómo cambiar su ritmo de trabajo, y aprendiendo a ser cada vez mejor; aprovecha cada segundo del día, dice un dicho, el que madruga, Dios lo ayuda, aprovecha el tiempo, no descuides ni un segundo tus metas, trabaja arduamente y así veras tus sueños hechos realidad.

Para tener una fortuna se requiere tener metas y plazos basados en resultados, no es fácil de conseguir, mas sin embargo, nadie dijo que no se puede, invierte en tu sueño, una persona que tiene el hábito del ahorro, será más fácil que logre sus metas, ya que siempre ha tenido una fortuna en sus manos. Con el paso del tiempo sabrá invertir sus ahorros y eso le dará más rendimientos. Mientras tú trabajas para llegar a la cima de la montaña tus amigos siguen al pie de la montaña tratando de figurar cómo lograste llegar hasta lo más alto y tocar el cielo con tanta felicidad que miran en tu vida. El esfuerzo que haces en la vida conlleva a muchos años de sacrificio, y será difícil de obtener si te la pasas perdiendo el tiempo en reuniones con los amigos, no permitas que obstruyan tus metas. Para este tiempo si tú ya eres una persona de negocio, una persona profesional algunos de estos amigos ya dejaron de hablarte, porque no tienes tiempo para ellos, ellos sólo buscan estar al mismo nivel, y tú ya tienes otros planes más importantes como para andar perdiendo el tiempo en algo que quizá no sea de gran utilidad para ti.

El ser una persona leal, te hace ser una persona de respeto frente al mundo. Ese respeto te lo has ganado con el paso del tiempo, la gente va conociendo tu forma de trabajar cuando te presentas ante ellos, no es fácil perder el miedo al enfrentarte a una multitud de personas que quieren escuchar tu conferencia. Mas sin embargo tu seguridad te respalda al haberte preparado día con día para ese gran momento. El reconocer tus fortalezas como líder abrirá muchas puertas inimaginables, atrévete a soñar y a alcanzar la cima. Mi líder Rick Buffkin me decía estas palabras tan sabias: "Te miro en la cima o te miro desde la cima". Esta frase nunca la olvidare, él es un gran líder, al que siempre he admirado. Un maestro nunca se olvida de un buen alumno, y un buen alumno nunca se olvidará de un buen maestro.

De tal manera que un buen hijo es de gran honor para su padre, también un padre y líder debe ser orgullo para su familia. Gracias a Dios por darme el entendimiento y la sabiduría. Hoy sigo los pasos de Jesús como la arena al mar, cada huella, cada paso que él dejo al caminar junto al mar. Muchos quieren ser los mejores líderes del mundo, pero son egoístas, por que lamentablemente sólo piensan en ellos mismos.

Mi percepción del liderazgo es diferente, mi mirada está basada en enseñar y guiar a todo aquel que esté dispuesto a seguir mis pasos sin preguntar quién soy y de dónde vengo, si tengo un título o si tengo un certificado. No me jacto de ser el mejor líder, pero me siento orgulloso de lo que he logrado, me ha costado muchos sacrificios llegar a la cima, pero recuerda si yo pude, porque tú no.

Le doy gracias a Dios por permitirme llegar a la meta, por guiarme día tras día hasta en los peores momentos de mi vida, cuando pensé desmayar y dejar todo a un lado. Para lograr el triunfo se lleva tiempo, pasa por un proceso de largas horas de trabajo sin descanso alguno. La decisión es tuya, la tomas y haces todo lo necesario para ser un ganador y llegar a la meta de tu jornada, o te quedas ahí estancado lamentándote por no seguir adelante con tu promesa que un día le hiciste a tu familia en ofrecerles una mejor vida.

Todos en algún momento de nuestra vida nos hemos encontrado con barreras, algunos logramos seguir adelante y llegar hasta lo más alto de la montaña, mientras otros deciden quedarse en el camino por diferentes razones. Hay muchas oportunidades en el mundo, no te encierres en la negatividad creando tus propias barreras, no cierres tu mente creándote un abismo de barreras. Soy una persona que me gusta observar, y me da tristeza ver como la juventud pierde su mejor tiempo en andar por ahí en busca de empleo donde sólo pagan un salario mínimo. Estos jóvenes tienen su diploma y algunos de ellos tienen un certificado de colegio.

Eso es una pérdida de tiempo, porque muchos quisiéramos tener un certificado que avale nuestros conocimientos, y ellos que lo tienen no lo aprovechan. Ya que ellos tienen la oportunidad de un mejor futuro, con mayores oportunidades. Muchos de estos jóvenes sólo piensan en divertirse con sus amigos y vivir todo igual. Todos buscan un trabajo nada más de cuarenta horas por semana para tener mucho tiempo libre.

Yo en mis tiempos de juventud siempre trate de ser diferente a los demás, nunca me comparé con alguien más, quería ser alguien en el cual todos admiraran, no por traer un buen carro, sino por ser mejor persona.

Yo comprendo que no todos somos iguales, cada cabeza es un mar de pensamientos, pero todos podemos hacer algún cambio en nuestra vida si deseamos vivir mejor. Tienes que empezar por quererte a ti mismo, para poder mirar lo que la vida te puede ofrecer. No culpes al mundo por no tener la vida que quieres, la felicidad la creas tú cada mañana al despertar. Aprende a ser feliz con tu persona, con quien eres, con la creación de Dios, tú eres perfecto para Dios, él te creo, te dio una vida llena de virtudes, no te llenes de odio por no tener lo que has buscado por tanto tiempo. Cuando yo pude abrir las puertas al mundo, pude mirar las oportunidades que me ofrecía, me di cuenta de todo lo que me estaba perdiendo cuando no me aceptaba a mí mismo. Todos esos años cuando me maldecía yo mismo por no tener un estudio, por no tener lo que mucha gente tenía. Que lastima haber perdido parte de mi vida pensando que no había una solución para gente como yo, gente sin educación o gente con poca educación como un servidor.

¿Buscas ser feliz en la vida? Aprende a quererte como eres, acepta tu persona tal como fuiste creado por Dios. Recuerdas lo que escribí en el capítulo siete, cuando hablaba del éxito es personal; eso es muy cierto, solamente tú puedes cambiar tu futuro. Comienza por hacer de tu persona alguien que el mundo se pregunte quien eres y quieran imitarte.

El darte a conocer ante el público, es una gran responsabilidad como presentador, no se trata de salir y presentarte, detrás de eso hay un gran equipo de trabajo para que todo salga excelente, el público merece todo tu respeto y por ende debes estar preparado para dar lo mejor de ti en los escenarios; tienes un compromiso muy importante con tu público, ya que ellos son los que te han llevado al éxito y merecen todo tu respeto. Darte a conocer significa dar el alma en el escenario, deja tu granito de arena para motivar al espectador a ser mejor cada día por medio del éxito personal. En la vida nunca se termina de aprender, todos los días aprendemos algo nuevo, no importa cuántos eventos de negocios tengas, nuestro cerebro está creado para almacenar muchísima información en el transcurso de nuestra vida, siempre hay un espacio para agregar algo nuevo, algo que aun todavía no has aprendido. Nuestra mente es tan maravillosa que por más que trates de llenarla nunca podrás. La mente del ser humano está llena de información que tal vez no te acuerdes cuándo y de dónde vino esa información que tu descubriste unos días atrás, has memoria y comienza a pensar cuándo fue la última vez que leíste un libro. Toda esa información que has captado con el paso de los años, se ha quedado registrada, trata de abrir tu mente y comienza a recordar lo que leíste y aplica los conocimientos que adquiriste para ser una persona con éxito.

Derrumba esas barreras que te están deteniendo para llegar a la cima, aprende a volar libre, existen personas en el mundo que pueden apoderarse de tus ideas, de tu proyecto, no permitas que eso suceda, son personas que en algún momento intentaron realizar un proyecto y no lograron su meta, son cazadores de mentes abiertas, sólo quieren derrumbar los sueños de mentes triunfadoras. Lucha por tus ideales por más difíciles que parezcan, siempre habrá una puerta por abrir al final del camino.

El estar en constante aprendizaje nos llevará a lograr un mejor desarrollo en los grupos de entrenamiento, y por ende lograrás una comunicación más fluida en la presentación de un negocio. El mantener un contacto con tu líder te dará muchas opciones a desarrollar en el área de negocios.

No te limites en hablar con tu equipo, mantente conectado y aprende como ser un buen líder y apoya a quien necesite de tu ayuda. Nunca le niegues la ayuda a alguien, porque así iniciaste tú, con dudas e inquietudes, y alguien más te dio la mano cuando lo necesitaste. Eso no quiere decir que te debes sentir superior a los demás, nunca olvides tus orígenes; recuerda que la gente que se encuentra a tu alrededor es la que te ha llevado a la cima, yo soy una persona que conozco el éxito, y jamás me he sentido superior a nadie, recuerda que ante los ojos de Dios todos somos iguales, y todo lo que soy se lo debo a mi público.

Para concluir este capítulo te puedo dar un consejo, nunca dejes de ser una persona humilde, y te garantizo que las bendiciones que recibas, serán muchas más que todos los trofeos que puedas recibir en la tierra. Las bendiciones llegaran del cielo en cada obra que tu realices por más mínima que ésta sea, sólo hazlo de corazón.

Capítulo 14

Alcanzar la cima

Desde el día que nacemos, a partir de ahí comienza nuestra jornada a la cima del mundo; al dar nuestros primeros pasos es el inicio para enfrentarnos a la vida, aunque no son tan firmes, seguimos avanzando poco a poco hasta lograr dar pasos firmes en nuestro constante vivir. Sabemos que tendremos dificultades al principio, pero es sólo el inicio, ya que con el tiempo nos llevaran con más firmeza a lograr todo lo que deseemos en la vida. En los primeros dos a tres años pasamos tiempo tomados de la mano con nuestra madre ya que ella se encarga de cuidarnos y guiarnos por buen camino; pasando el tiempo comenzamos a mirar a nuestro alrededor y nos damos cuenta que los años pasaron y ya no somos unos niños indefensos. Como adolecentes algunos de nosotros nos dejamos llevar por caminos que nos pueden causar problemas y a veces que hasta la muerte por no obedecer la disciplina de nuestra madre, ya que pasamos toda nuestra niñez a su lado.

Ponte a pensar quien fue nuestro primer líder cuando llegamos a este mundo, pues nuestra madre, ya que ella nos guio, fue nuestra líder, ella dedicó todo su tiempo a hacer de ti una persona con valores y principios, es la mejor líder que todos nosotros podemos tener. Una madre te llama la atención cuando algo no anda bien, una madre te da consejos que nadie más te puede dar. El entendimiento y la sabiduría se aprenden de un buen líder cuando prestamos atención y hacemos lo que se nos indica.

Lamentablemente no todos sabemos cómo seguir instrucciones cuando se trata de crecimiento mental. Queremos avanzar en la vida sin costo alguno, como si todo se nos diera gratis, recuerda que tenemos que pagar un precio muy alto para llegar a la cima. Un estudiante de universidad no recibe la educación sin costo alguno, todos sabemos que un estudio es muy caro de obtener; y te costará dedicación, tiempo y desvelos para tener un título, sin eso será difícil que puedas brincar algunos obstáculos que se te presenten en la vida.

El fracaso antes del éxito llega inesperado, tal como llega el ladrón sin aviso alguno, nos distraemos con una crítica que no tiene valor alguno. Estamos tan enfocados en el que dirán y no ponemos atención en nuestra obra. Tenemos una tarea que cumplir con nosotros mismos y con el público que nos ha estado siguiendo por largo tiempo; si yo como escritor y autor que soy no sigo mis propias metas, no sabrán cuáles son mis sueños, el mundo jamás se dará cuenta quien soy, y pasaré desapercibido para muchos, yo siempre estoy dispuesto a guiar a quien en realidad desea salir adelante, mi sueño como escritor y autor es orientar al mundo entero, enseñarles a cómo ser ganadores de su propio destino. Yo aprendí de alguien un día, y ahora alguien aprenderá de mí.

Trabajando juntos como equipo las metas se pueden lograr más rápidamente, puedes alcanzar la meta que quieras, juntos seremos triunfadores del universo. Quizá suene un poco fantasioso, no te pongas límites, deja que tu mente vuele hacia destinos inimaginables, tú puedes llegar hasta donde tu capacidad lo permita. Un grupo de cien miembros se multiplicará más rápido si se trabaja en equipo. Algo que yo aprendí de mis líderes, fue mantener el contacto con el grupo y ayudarnos unos a otros; siempre trata de darle la mano a tu compañero de negocio, programa citas con tiempo para no quedar mal con nadie, y llevando un control de tu tiempo hará que lo puedas aprovechar al máximo.

Todos podemos alcanzar nuestra meta, no importa el tamaño de tu sueño, El tener en abundancia no es un pecado, es el resultado de nuestro trabajo, es el resultado de pequeños esfuerzos constantes del día a día. Esto despertará tu interés de querer ser mejor el día de mañana; no te estoy diciendo que tu vida cambiará de la noche a la mañana como por arte de magia, el alcanzar tu máximo potencial te abrirá caminos, siempre y cuando tengas la mejor actitud en la vida. El ser una persona de respeto atrae al público a la hora de una presentación, este es el resultado de tu esfuerzo, de muchas horas de entrenamiento para dar lo mejor de ti en una presentación, la comunicación es básica para obtener un mejor resultado, la forma en cómo te diriges a ellos te dará la pauta a seguir en las próximas presentaciones. La autoestima forma parte de nuestro crecimiento como seres humanos, nos permite desarrollar amistades sanas, y por ende el respeto, no es posible respetar ni convivir con los demás sino nos amamos a nosotros mismos, teniendo un amor propio, nos entregamos de corazón a lo que hacemos, y podemos llegar con más facilidad a cumplir cada una de nuestras metas, llegando con mayor facilidad a las personas que están en nuestro negocio. El ser feliz se refleja en nuestro rostro, en nuestra forma de ser y de vivir, sonríe a los que te rodean, ya que la sonrisa es la llave del éxito. Esta es una forma de ver la vida positivamente; lo que buscamos es lograr un crecimiento espiritual al encontrar la paz con uno mismo, eso te hará dar el cien por ciento de ti, al dar consejos como emprendedor. Cuando una persona tiene solvencia financiera tiende a ser más alegre consigo mismo, y con la gente a su alrededor, es bonito ir por la vida regalando sonrisas, quizá algunos te juzguen loco al ir por la vida detonando felicidad, pero créeme que harás felices a muchas personas que tienen el poder de recibirla. Ese es el modo de vivir de una persona que ha llegado a ser un triunfador, con muchos esfuerzos, pero vale la pena los resultados que se obtienen. Aprende a confiar en la gente, es parte del crecimiento personal, es cierto que nos encontraremos con personas negativas en las que en algunas ocasiones no podemos confiar por diferentes motivos, no permitas que eso atrase tus planes.

No pierdas el tiempo pensando cosas negativas, no permitas que la inseguridad te destruya, nada puede derrumbar tu sueño, dedica tu mente a planearlo, mantén tu pensamiento positivo, con la actitud de triunfador, así evitaras conflictos contigo mismo, no te desvíes por caminos de la destrucción donde perderás tu imagen y todo lo que has logrado con tanto sacrificio. Aprende a construir con bases firmes, resistentes, una fundación que pueda resistir cualquier adversidad. El tener cimientos fuertes es lo mejor que todo emprendedor debe tener para permanecer firme en su grupo y en su negocio. Aprende a construir con bases firmes, resistentes, para no desfallecer en el intento, logra una fundación que pueda resistir cualquier adversidad. El tener cimientos fuertes te dará la seguridad para permanecer firme en su grupo y en su negocio.

No podemos transitar por un camino inseguro, debemos de tener confianza en nosotros mismos, la inseguridad es la falta de autoestima, es falta de confianza en uno mismo. Esto te puede llevar al fracaso sin que tú te des cuenta, y puedes cometer errores que quizá sean irreparables. Se puede perder todo lo que has obtenido si empiezas a sentir que te invade la inseguridad, no permitas que tu futuro sea inserto, procura dar al máximo de ti para que veas los frutos que tanto deseas. Una planta del campo tiene más fuerza que un rosal, la planta del campo puede sobrevivir toda tempestad y todo tiempo de sequía por largo tiempo, por su constitución de fortaleza, y un rosal es diferente, esta planta la cuidamos de malos tiempos, esta planta requiere suficiente agua y vitaminas para mantenerla verde y llena de vida. Un rosal lo cuidamos con mucha atención ya que no pude sobrevivir una sequía, y tampoco resiste fríos intensos. Es de igual manera una persona que ha pasado mucho tiempo viviendo de bajos recursos, esta persona puede vivir en abstinencia porque así aprendió a vivir.

Una persona que ha vivido por periodos extensos, en la intemperie, es difícil que pueda cambiar de hábitat, si alguien tiene un mejor modo de vida y desea rescatarlo, será difícil que se pueda acoplar al cambio, debido a que se acostumbró a otro tipo de vida, y de una forma u otra volverá a su vida anterior. Si nos ponemos a analizar una planta con una persona tienen algo en común, los dos son seres vivos.; yo me identifico con este ejemplo ya que por muchos años fui una planta del campo que estaba adaptado a cualquier temporada o estación del año. Un día alguien se fijó en mí y me rescato del campo donde me encontraba, y transcurrió un tiempo para que me acoplara a mi nueva forma de vivir. Aprendí a moverme en diferente dirección, hasta el aire que respiro se siente diferente. Un buen jardinero me rescato del pasto donde vivía y transformo mi vida desde adentro. Gracias a Dios que me dio la oportunidad de poner en mi camino personas de buen corazón, que sin ser parte de mi familia me rescataron del mundo donde me encontraba.

Capítulo 15

La cima del éxito

El futuro es tuyo, tómalo para transformar tu vida, imagínate que pasaría si tuvieras los días de tu vida contados, piensa que cambiarias si sólo tuvieras un año de vida, ¿Qué es lo que te gustaría cambiar? ¿Lograrías llegar a tu meta? ¿Tu sueño se haría realidad? Nunca dejes para mañana lo que puedas hacer hoy, es tiempo que comiences a trabajar para hacer cambios en tu diario vivir. Tu vida está en proceso de cambiar totalmente, nunca olvides compartir con aquellos que aún no son tan afortunados de ser libres. Anda y enseña como salir de esa zona de confort donde sólo están perdiendo tiempo y echando su vida a un abismo, recuerda que todo cambio es bueno, es cuestión de decidirte a abrir tus alas y volar lo más alto posible como todo un triunfador, las señales vienen del cielo, es cuestión de estar bien atentos; querer ser mejor que los demás depende de ti.

No malgastes tu porvenir en algo que te pueda costar lo más valioso que tienes, tu tiempo, recuerda que tiene invertido una cantidad bastante considerable para poder incursionar en el mundo de los negocios, ahora depende de ti ver los frutos, debes hacer que eso se multiplique, es tiempo de poner en práctica tus conocimientos, la opción la tienes en tus manos, depende de ti, seguir adelante para ser diferente o seguir siendo uno más del montón, no pierdas tu inversión por tomar malas decisiones, o ¿Quieres quedarte ahí en tu zona de confort trabajando más de cuarenta horas por semana? Es tiempo de comenzar a pensar en grande; deja que lo bueno sea mejor, y lo mejor sea excelente. Ten presente tu meta y eso te motivará para que llegues a lo más alto de la cima. Ten siempre presente que puedes tener grandes ganancias, si sabes bien hacia dónde vas, siempre y cuando estés en el camino correcto con las personas correctas.

Comienza a congregarte con personas que te pueden dar ideas y sugerencias en como transmitir una señal que pueda mirar la gente en ti, no sólo por fuera sino también lo que llevas por dentro.

Debemos poner en práctica los conocimientos que hemos adquirido en nuestro andar por la vida, comparte todo lo que aprendiste en las prácticas de entrenamiento. Esos reconocimientos que obtuviste por ser un buen miembro en la organización, que se vean reflejados en actos de bondad. Si en un momento tienes alguna duda en qué hacer para tener miembros que estén dispuestos a seguir tus pasos y ser triunfadores tal como yo lo hiciste, busca a la persona que te introdujo al negocio y él o ella te podrán guiar paso por paso, y ver que hay que hacer para que también tengas éxito en tu negocio.

Todos tenemos derecho de llegar a la cima, a ser triunfadores, siempre y cuando lo hagas por la vía correcta, cumpliendo con las tareas necesarias. Pregúntate a ti mismo, ¿Cuál es tu tarea? Mi tarea como escritor es seguir escribiendo para que todo el mundo conozca mi mensaje y lo pongan en práctica, para que lleguen a la meta igual que un servidor. Un autor todo el tiempo tenemos mil ideas que plasmar en un papel, siempre estamos pensando cómo darle a conocer al mundo nuestro mensaje, las ideas llegan en la noche, cuando nuestro cerebro está descansando, por eso se dice que un escritor nunca duerme, siempre piensa en escribir, su mente vuela con el cúmulo de conocimientos que trae girando en torno a él.

Es muy importante mantener una buena relación con el público, ellos serán el motivo para que tú puedas escalar la montaña hacia el éxito; y por ende, merecen respeto. Nunca te encierres en tu mundo y olvides o dejes atrás quien eres, y como llegaste hasta la cima. El tener un control de ti mismo, te dará la fortaleza de que estás haciendo las cosas bien, te dará seguridad, eso calmará toda ansiedad que pueda derrumbar tu sueño. Aprende a valorar lo que la vida te ha dado, y comparte las bendiciones que posees en tus manos.

Por ningún motivo te sientas superior a tu hermano, todo en la vida tiene sus consecuencias, todo lo que hagas en esta vida tarde o temprano saldrá a relucir. Da lo mejor de ti, trata de hacer las cosas lo mejor que puedas, para que la vida no te cobre una factura, al engañar a quien ha creído en ti.

Mi sueño es poder guiar al mundo por un camino diferente, que sientan que hay un mundo al otro lado de la frontera, y es muy diferente al que estás acostumbrado, que miren las torres más altas y creas que se puede llegar a ellas, busca ser una persona segura de ti mismo, y creer que puedes llegar sin temor a tropezar. Mantén siempre una actitud positiva, alegre, feliz con un corazón lleno de felicidad para dar. Confía en ti, en tu instinto, y en todo lo que puedes llegar a alcanzar, el sólo pensarlo lo atraerás con una fuerza impresionante; no te tortures a ti mismo pensando que no puedes. Algunos de nosotros tenemos mil modos de hacer algo por nosotros mismos y no lo hacemos porque estamos encerrados en nuestro mundo.

Abre tu mente y deja volar tus pensamientos hacia el mundo de oportunidades que tienes frente a ti. Deja de ignorar las posibilidades de llegar a ser alguien en el mundo, tú puedes ser diferente a las personas que se han quedado en el intento. Saca todo lo que llevas dentro, lánzate a lo desconocido, y aprende nuevas técnicas para volar lo más alto posible. Da lo mejor de ti, es hora de poner en práctica todo lo que has aprendido de tus grandes líderes. Nunca dudes de todo lo que puede ser capaz de hacer un corazón con sueños.

Es tiempo de marcar la diferencia, comparte tus conocimientos, no pases por la vida como un fantasma, da la mejor versión de ti mismo, deja que los demás sean como tú, da ejemplos de cómo ser un buen líder.

Hace algunos años, yo le rogaba a Dios que me diera sabiduría y talentos para tener una vida diferente a la que yo estaba viviendo. Pasaron meses, años, hasta que un día yo comencé a sentir algo diferente dentro de mí; mi pensamiento ya no era el mismo, mi visión comenzó a cambiar, esa visión de tener un buen trabajo y poder jubilarme a temprana edad y vivir mi vida como mucha gente lo hace, yo me miraba pescando, y tal vez jugando golf con mis amigos.

Es importante tener a Dios en nuestros corazones, recuerda que la fe mueve montañas, pídele a Dios con todas tus fuerzas y él te dará lo que le pidas, recuerda que él nos escucha, a veces sentimos que Dios nos ignora cuándo le hablamos, porque queremos que nos conceda lo que le pedimos de inmediato, recuerda que Dios es amor, él nos ama, y siempre está al pendiente de nosotros, a veces le pedimos cosas difíciles, pero no hay imposibles para Dios, tu sólo confía, y deja que el haga las cosas en su tiempo, recuerda que los tiempos de Dios son perfectos, el sabrá en que momento actuará sobre nosotros, no te desesperes, no desfallezcas en el intento.

Si en una ocasión le has pedido tener sabiduría y no puedes hacer de ella lo debido, busca como darte a entender con el público, hay muchas formas de transmitir los conocimientos. Cuando Dios respondió a lo que yo le pedía lo pude sentir casi de inmediato, cuando mi mente ya no pensaba de igual manera y mi visión cambio de la noche a la mañana. Ya mi visión y pensamiento estaba en tener un mejor futuro y vivir en plenitud. Nunca me imaginé ser un autor y escritor ya que mi educación es limitada, no te conformes con lo que tienes no sigas siendo uno más del grupo, se diferente a todos, si se puede, sólo depende de ti.

La libertad está en ser el dueño de tu tiempo, y tener grandes ganancias al ser un emprendedor; al ser dueño de tu propio negocio notaras la diferencia en tu vida, es una bendición el darle a tu familia un mejor futuro, no tengas miedo de hacer cambios drásticos, porque de ahí vendrán todas las bendiciones por añadidura. En el transcurso de mi vida hubo varios cambios importantes, el ser escritor me abrió muchas puertas, y me cambio la vida por completo, mi deseo es ayudar a quien esté dispuesto a ser un triunfador y marcar la diferencia en su vida, si no sabes te puedo guiar, si no puedes te ayudo, te digo como, pero si no pones nada de tu parte por aprender, ya no seré yo quien pueda hacer algo por ti.

Cada uno de nosotros somos una puerta cerrada hasta que viene alguien y nos habla de un negocio donde podemos desarrollar un crecimiento mental. Cada vez que alguien descubre un pensamiento, está listo para progresar en la vida ya que estas abriendo puertas nuevas. Cada mente es una puerta al mundo, descubre las maravillas que hay detrás de cada puerta; tú tienes la misma oportunidad de cambiar tu destino hoy y para siempre.

Tienes el futuro en la palma de tus manos, no dejes pasar un instante sin planear tu mañana. Deja que el mundo se entere de tus planes para que conozcan más de ti y sigan tus pasos. Sin equivocación alguna te puedo decir que todo el trabajo que estás haciendo nunca será en vano, ya que has invertido mucho tiempo en aprender a ser un gran líder y tener tu grupo y hacerlo crecer día con día, sé que con tu esfuerzo y dedicación lo lograras.

Vendrán críticas contra ti, tómalas como aprendizaje, como críticas constructivas, no permitas que eso te derrumbe y termine con tu sueño y con tu meta. No seas uno más del grupo que se deja llevar por lo que la gente y tu familia dicen de ti. Recuerda que para llegar al éxito, nos encontraremos con fracasos, los cuales nos harán más fuertes para seguir, levántate y aprende de los errores, ya que esto te traerá el triunfo después de la tempestad. La familia es lo principal cuando se trata de hacer o planear algo nuevo, yo todo el tiempo pensé en mi hija, ese regalo del cielo que cambio mi vida, es increíble como algunos padres cambiamos para darle a nuestros hijos lo mejor que se pueda. Ya que ellos son nuestro futuro y dependen de nosotros las veinticuatro horas del día.

Aprendamos a construir edificios con cimientos firmes, solidos, seamos como el buen sembrador y tiremos la semilla en tierra fértil. ¿Queremos vivir mejor? Aprendamos a cultivar la semilla que sembramos para que no venga una sequía con temperaturas altas y seque la semilla antes de germinar. Con un buen líder no tendremos ningún problema con la semilla sembrada ya que el sembrador tendrá cuidado al cultivar la siembra y cosechará en grande.

Así como el jornalero que fui en mis años de juventud es de la misma manera que le ensenaré al mundo como tener éxito en la vida sin tener miedo a fracasar. Aquel que siembra en grande cosecha en grande, porque pone atención y empeño en su trabajo. Un soñador se levanta de madrugada y hace planes para el día siguiente, planea en el mañana de tus hijos y de tu equipo.

Yo creo que es tiempo que pongamos nuestra mente a trabajar y comencemos a cambiar vidas alrededor de nosotros. Sé un buen ejemplo para tu hijo e hija, levántate de mañana y platica con ellos sobre tu agenda del día. El darle a ellos algo en que pensar los vas preparando a pensar en que serán cuando sean adultos. Recuerda que tus hijos miran y ponen atención en lo que tú haces, tú eres su ejemplo a seguir, y como padres es nuestra responsabilidad de enseñarlos a ser personas de buenos principios y respetar sus decisiones, así como caminar con cuidado por la vida con seguridad en ellos mismos.

El tener fracasos antes del éxito, no quiere decir que hasta ahí llegaron nuestros sueños, al contrario, es sólo un peldaño de muchos que tenemos por delante, recuerda que el fracaso no quiere decir que hiciste las cosa mal, inténtalo cuantas veces sea necesario hasta que lo bueno sea mejor y lo mejor sea excelente.

Siempre trata de dar lo mejor de ti, y el fracaso será sólo una lección para seguir hacia tu meta con más énfasis en lo que deseas en la vida. El fracaso es opcional pero el éxito es obligatorio... "El fracaso antes del éxito es la llave para llegar a tu meta".

Conclusión

Como conclusión te puedo decir que esta obra literaria fue basada en mis experiencias vividas, te puedo decir que no es fácil llegar a la cima, tienes que dar el cien por ciento de ti, el sacrificar tiempo, esfuerzos, valdrá la pena, porque sabes que estas invirtiendo en lo más importante que le dejaras a tu familia, que es un mejor porvenir, no te lamentes por lo que no has logrado, siempre habrá un mañana para volver a empezar; nunca desistas, no desfallezcas, toma energía, agarra fuerzas y pon tu mente en tu objetivo, y dile a la vida: Allá voy otra vez...

Aquí te encontraras algunos consejos para luchas contra ese monstruo que se llama miedo, recuerda que detrás del miedo está el éxito, es fácil decirlo pero muchos se quedan en el intento por que dicen, estoy cansado, ya no puedo más, ya no tengo energías para seguir. Recuerda que no hay un instructivo donde te diga como debes vivir tu vida, tienes que ir formándote de experiencias, de fracasos, pero créeme que si llegas a superar todo los obstáculos, lo lograras, no hay mayor satisfacción que ver transformados todos tus sacrificios en metas, siempre busca soluciones, siempre habrá una para cada problema esto te lo aseguro, todo tiene solución menos la muerte, así que si tienes vida, luchas por ser mejor cada día con tus pequeños esfuerzos cotidianos.

Se vale caerse, pero no quedarse ahí, levántate y sigue; a veces nos sentimos desmotivados para seguir, a veces la vida nos da golpes muy fuertes que sentimos no poder más, pero la vida no se detiene ahí, y tenemos que seguir aun sin fuerzas, recuerda que si Dios te está dando la oportunidad de abrir los ojos a un nuevo día, aprovéchalo al máximo, no lo desperdicies, cada día es diferente, no sabemos si mañana estaremos aquí, sé que el mañana es incierto, pero será mejor, siempre con la bendición de Dios y agarrados de su mano, nada es imposible. Siempre ten presente tus metas a seguir y lucha por alcanzarlas, el mundo es de los valientes, y tú eres uno de ellos. "Dios te bendiga siempre".